인사이트 플랫폼

인사이트 플랫폼

빅데이터의 가치가 현실이 되는 순간

이재영 문영상 외 지음 | **김길래** 감수

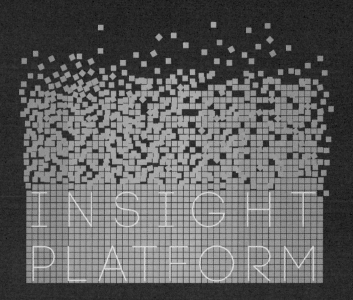

와이즈베리
WISEBERRY

2000년대 후반 미국에서 시작된 금융 위기와 환경 재앙, 그리고 코로나19로 시작된 크나큰 위험이 우리 삶을 송두리째 바꾸어 놓고 있다. 이러한 변화는 끝을 향해 가고 있는 것이 아니라 지금부터가 시작일지도 모른다는 생각이 든다. 반면 4차 산업혁명으로 시작된 기술 혁신을 통해 이러한 재앙이 오히려 기회가 될 수 있다는 희망이 싹트기도 한다. 빅데이터와 인공지능 기술 중심의 4차 산업혁명은 지금까지 우리가 꿈꿔왔던 새로운 삶의 방식을 만들어 나갈 수 있는 인류의 마지막 기회다. 우리가 알고 있는 문화, 예술, 산업, 정치, 의학, 인문 등 수 많은 영역이 서로 융합되어 창조적인 시각에서 기술과 더해진다면 우리는 찬란한 미래를 건설해 나갈 수 있을 것이다.

이렇게 '기술로 바뀌는 새로운 세상'을 개척해 나가기 위해서는,

첫째, 인프라 즉 사회적, 산업적 기반 구조가 모두 바뀌어야 한다. 우리가 지금까지 알고 있던 정치, 경제, 사회, 문화, 산업 등은 시스템적 토

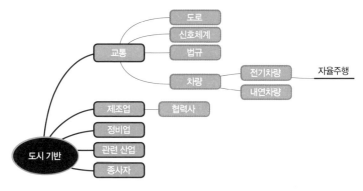

자동차 관련 기반 인프라 구조

대 위에서 물리적, 논리적 관점으로 지배되고 있다. 또한 과거 수 세대를 거치며 익숙해져 우리 삶에 깊은 영향을 미치는 행동 규범과 관습 역시 이제는 바꾸어야 한다.

많은 사람들이 "인공지능은 인간의 지능과 능력을 뛰어넘지 못할 것" 이라고 한다. 하지만 자동차가 처음 개발되었을 때를 생각해보자. 당시 에는 자동차가 인간이 걷는 속도보다도 느렸지만 지금은 비교 대상이 되지 않을 정도로 빠르다. 뿐만 아니라 바다에서도 하늘에서도 우주에 서도 인간의 신체적 능력으로는 흉내 낼 수조차 없을 정도로 눈부신 발 전을 이루었다. 이와 같은 교통 기술의 발전 가운데 우리는 교통 시스 템, 도로 등 다양한 도시 기반 구조와 그에 기반한 법규 및 제도 등을 바 꾸며 새로운 환경에 적응해 왔다. 이제부터 그러한 변화의 깊이와 넓이 가 더욱 빠르게 바뀔 것이기 때문에 우리는 선제적인 대응이 필요할 것 이다.

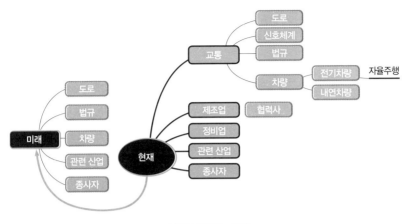

미래를 지향하는 현재

둘째, 현재 기반 구조를 중심으로 미래 기반 구조의 토대를 만들기 위해 노력을 기울여야 한다. 현재가 없는 미래는 존재하지 않는다. 현재의 다양한 부분에 대한 심도 있는 접근을 통해서 새로운 미래에 대비하는 혜안이 절대적으로 필요하다. 우리가 이루었던 수많은 발전을 기반으로 새로운 것을 받아들이는 열린 자세가 가장 중요한 부분 중 하나일 것이다.

미래를 준비할 때 현재의 모든 것은 미래에 대한 지향점으로 두어야 한다. 미래를 만들어 나가는 기반은 현재이기 때문이다. 우리가 이루어 놓은 다양한 성과물은 미래를 발전시키는 원동력이 되며, 미래의 혁신은 그 원동력에서 나온다고 해도 과언이 아니다.

아주 오래 전에 새로운 소식을 전하는 기능을 담당했던 봉수대를 생각해 보자. 산 정상 또는 높은 지대에 돌로 기둥을 쌓아 놓고 그곳에 연

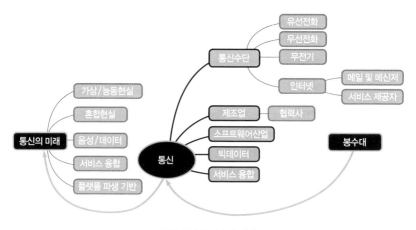

통신에서의 과거와 미래

기가 많이 나는 나무로 불을 붙여 연기를 높이 띄운다. 그러면 그곳과 인접한 봉수대에 있는 사람은 다시 그 연기를 보고 의미하는 바를 다른 곳으로 전달한다.

초창기 유선전화에서 무선전화 그리고 스마트폰에 이르기까지 통신의 발전은 엄청나다고 할 수 있다. 통신 본연의 기능은 소식을 전하는 것이다. 하지만 작은 전화기 안에 다양한 기능들을 접목하면서 소식 전달 외에도 상상할 수 없었던 다양한 일들을 수행할 수 있게 되었다. 과연 미래의 전화는 어떤 모습일까? 물리적인 전화가 인체에 삽입될 수도 있을까? 아니면 어떤 모습으로 우리에게 다가올까? 현재로서는 그 누구도 예견하지 못하고 있다.

애플의 첫 번째 아이폰은 단순 전화 기능 이외에 컴퓨터 기능이 일부 융합되어 새로운 형태의 통신기기를 보여줬다는 점에서 화제가 되었다.

하지만 얼마 지나지 않아 자동차 내비게이션, 다양한 금융 서비스, 빠른 뉴스 제공 등의 새 기능과 서비스가 지속적으로 융합되었다. 스마트폰이 제공하는 서비스가 나열하기 힘들 정도로 무수히 많다는 것을 독자들은 이미 잘 알고 있을 것이다. 앞으로 어떤 모습으로 어떻게 우리 생활을 바꿀지는 독자 여러분의 상상력에 맡기도록 하겠다.

셋째, 다양한 변화에 빠르게 대응하는 자세가 필요하다. "다양하다"란 말의 사전적 뜻은 "종류가 여러 가지로 많이 있다"이다. "다양성"에 "빠르다"라는 키워드를 더하면 그것은 "우리가 따라가기 어렵고 힘들다"라는 의미 또한 갖게 된다. 물론 다양하고 빠르게 대응하고 적응한다는 것은 우리에게 더 많은 편리함을 가져다 줄 것이다. 그러나 긍정적인 의미보다는 부정적인 의미가 더 많이 포함되어 있다는 것을 우리는 직감할 것이다.

"빠르고 다양하다"는 것은 아마도 우리가 미디어를 통해 자주 접했던 '디지털 트랜스포메이션Digital Transformation'이라는 키워드와 의미하는 바가 거의 일맥상통한다. 디지털 트랜스포메이션은 디지털로 전환한다는 것을 의미한다. 이는 다양한 디지털 채널을 활용하여 제품 생산 원가를 낮추고 품질을 높이는 일련의 활동뿐 아니라 고객 관계 관리 강화, 조직 개선 등 기업의 전 부문에 걸쳐 디지털로 전환하는 것을 의미한다.

이러한 디지털 트랜스포메이션은 단순 제조업뿐 아니라 금융, 유통, 서비스 등을 포함한 산업 및 사회 전 분야의 전환을 의미한다. 여기에 더해 이러한 전환을 가능하게 하는 정보 기술 등의 기술적 영역과 우리의 마인드 전환 즉 사고의 전환까지 포함하는 개념이다.

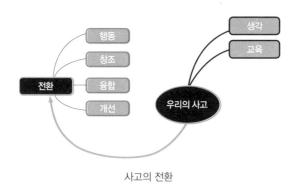

사고의 전환

　창조적인 사고를 이끌어내는 발상의 전환은 교육에서부터 시작된다. 교육은 창조적 사고를 가능하게 하는 원동력이며, 이는 결국 행동까지도 바꾸게 한다.

　결국 기술 중심의 디지털 트랜스포메이션은 곧 사고의 전환을 의미하며, 이를 통해 미래 변화에 효과적으로 대응할 수 있게 된다. 하지만 디지털 트랜스포메이션으로 성공한 기업을 아직 찾아보기 힘들다. 좀 더 많은 사고의 전환을 통해 한 걸음 한 걸음 나아가야 하지 않을까 생각해 본다.

　라인홀드 니버는 〈평안을 위한 기도〉에서 다음과 같이 말했다.

"바꿀 수 없는 일을 받아들이는 냉정함과,

바꿀 수 있는 일을 바꾸는 용기를,

그리고 이 두 가지를 분별하는 지혜를 허락해 주소서!"

이제 우리에겐 시간이 많이 남아 있지 않다. 니버의 기도처럼 "받아들이는 냉정함"과 익숙한 것을 "바꿀 수 있는 용기"가 진정으로 필요한 때다. 지금부터 빅데이터와 인공지능 등 기술 중심으로 새롭게 펼쳐지는 미래를 향해 여행을 시작하도록 하겠다.

CHAPTER 4

연결

CHAPTER 1

사회의 미래

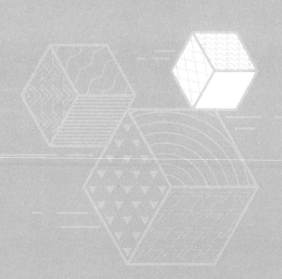

주집필자_ 이재영

알리바바의 마윈은 "미래는 변화로 가득 차 있으며, 변하지 않으면 기회가 없다."고 했다. 오늘날 빠르게 변화하는 세상을 받아들이며 함께 적응하고 진보해 나가는 것이 곧 우리가 살아 남을 수 있는 자세일 것이다. 앞으로 우리 사회가 어떻게 변할지 조심스럽게 알아보도록 하겠다.

소위 거스를 수 없는 큰 변화를 '메가트렌드'라고 일컫는다. 1982년 미래학자 존 나이스비트 John Naisbitt 의 저서 《메가트렌드》를 통해 처음 선보인 이후 해마다 여러 버전의 메가트렌드가 제시되고 있으며, 이를 통해 앞으로 다가올 수많은 위기(또는 기회)가 예견돼 왔다. 그 중에는 현재까지 심각한 문제를 야기하는 것도 있고, 아직 실감하지는 못하지만 곧 다가올 것도 있다.

그러나 그로 인해 파생되는 위기에 대한 우리의 전반적인 준비는 미흡해 보인다. 개인부터 국가까지, 저마다 처한 상황과 이해관계가 다르기 때문이다. 당면한 과제를 해결하기 위해 모두가 나름 노력 중이라곤 하지만 각각 다른 상황 때문에 거시적인 방향성에 대한 논의가 잘 이루어지지 못하는 것이 가장 큰 문제다.

메가트렌드 중에서도 특히 많은 관심을 받는 분야는 '기술 발전'일 것이다. 하루가 다르게 진보하는 기술은 빠르게 응용되고 융합되어, 우리 가정과 일터로 매우 깊숙이 파고들기 때문이다. 이는 기존에 익숙했던 모든 삶의 방식을 바꿔 버린다.

2009년 8월, 나는 처음으로 아이폰을 접했다. 스위스 제네바에 위치한 세계경제포럼(다보스포럼)에 입사한 지 며칠 지나서였다. 당시 대부분의 사람들처럼, 나에게 아이폰의 첫 인상은 매우 충격적이었다. 제네바 중심가의 매장에서 아이폰을 구매한 후 인근 벤치에 앉아 시간 가는 줄도 모른 채 가지고 놀았던 기억이 아직도 생생하다.

애플 사에서 '스마트폰'이라는 새로운 기술 키워드로 아이폰을 출시한 이후, 마치 기다렸다는 듯 빅데이터, 인공지능, 클라우드 등 신기술들이 쏟아져 나왔다. 나는 이러한 변화를 보며 지금까지 우리가 접하지 못했던 새로운 세상이 열릴 것이라는 사실을 예견했다. 2016년 1월 다보스

포럼 연례 회의에서 제시된 '4차 산업혁명'이라는 개념도 근본적으로 기술 발전이 가지고 오는 사회적 변화의 연장선에서 나왔다고 볼 수 있다.

거대한 파도처럼 밀려오는 기술 발전과 변화 속에서, 과연 그 파도가 위험천만한 거대 쓰나미로 다가올 것인지 아니면 파고를 이용해 더 높이 올라갈 것인지 조급한 고민이 생길 수밖에 없는 상황이다.

다윈의 주장처럼 '변화에 적응할 수 있는 능력이 다른 종에 비해서 탁월했기 때문'에 인류가 지금껏 생존 가능했던 것이라면, 앞으로 펼쳐질 미래가 어떤 형태로 오던 우리는 생존이라는 차원에서 또다시 적응해낼 준비를 해야 할 것이다.

과거와 현재 그리고 미래라는 거대한 시간 흐름 속에서 '과학 기술이 우선일까 인문학이 우선일까', '앞으로 어떻게 살아가는 것이 올바른 것인가' 등에 대해 많은 생각을 하게 된다. 결국 과학 기술과 인문은 서로 떨어져 있는 것이 아니며, 이를 융합하는 것이 미래에 대한 가장 올바른 혜안이라고 생각한다. 오늘날 세계 각국의 선진 교육 기관이 '융합'을 키워드로 잡고 있는 것도 이와 무관하다고 볼 수 없다.

지금 우리가 당면하고 있는 과제는 '기술 발전에 따른 4차 산업혁명'이라는, 거스를 수 없으면서도 지금껏 겪어 보지 못했던 시대적 흐름 속에 있다. 지금부터 앞으로 10년 그리고 20년 후를 내다보기 위해 선정한 몇 가지 키워드를 중심으로 고민해 보려 한다. 특히 이러한 변화가 우리 사회의 정치, 경제, 문화에 어떠한 영향을 미칠지 이야기를 풀어 보도록 하겠다.

정치의 변화

정치政治 Politics의 주요 역할 중 하나는 사회에 존재하는 각종 크고 작은 갈등을 중재하고 해결하는 것이다. 첨예하게 충돌하는 이해관계 속에서 이로 인해 생기는 갈등을 효과적으로 해결하지 못할 때 우리 사회의 균형은 깨지고 혼란에 빠지게 된다.

비단 과학 기술의 발전이 가져오는 변화 외에도 인구 구조 변화, 자연환경의 무분별한 파괴 및 개발, 재난에 관련된 대비 및 예측의 어려움, 교육 시스템의 변화, 부의 양극화 등과 같은 근본적인 변화는 국가적 존폐 그리고 인류의 생존까지 위협하게 될 것이다.

이렇듯 미래의 환경적 위기 요소들은 앞으로 사회 구성원 간에 거대한 갈등을 유발할 충분한 소지가 있다. 앞서 언급했듯이 정치가 이러한 갈등을 해소하는 데 그 기능을 다 해야 할 것이다.

그렇다면 우리가 당면하고 있는 복잡하고 다양한 문제를 해결하기 위해 정치는 어떻게 바뀌어야 하며 무엇을 준비해 나가야 할까? 이러한 부분을 평가하는 시스템이 선거이기에(물론 민주주의 시스템 하에서), 어쩌면 선거를 통해 민의를 대변할 대표자가 선출되고 있는 현재의 선출 시스템 또한 바뀌지 않을까? 더 나아가 국가가 존재할 수 있을까? 이미 적지 않은 정치학자들은 기술의 발전이 곧 반反정치화 또는 탈脫국가화를 가능케 할 것이라 주장하고 있으며, 최근에는 블록 체인 기술을 통해 이러한 개념이 기술적으로 가능하다고까지 말한다.

물론 이와 같은 극단적인 변화가 당분간 가능할 것이라고 보지는 않는다. 그렇다 치더라도 지금의 정치 시스템과 탈 국가화의 중간 어디쯤에서 변화는 가능하지 않을까? 앞서 말한 커다란 변화 속에서 미래 정치 시스템은 반드시 바뀌어야 하기에 어떤 방향으로 바뀔지 깊이 고민하지 않을 수 없다.

예컨대 정치는 국가의 구성원들, 즉 국민이 선택한 대표자에게 권력을 위임하는 것이다. 국민이 위임하는 권력을 획득하기 위해서는 민심, 즉 여론을 정확하게 수렴해야 하는데 기술 발전과 함께 오늘날 민의를 수렴하는 다양한 크로스 채널이 증가했다. 예전보다 이 과정이 복잡해졌다는 말이다. 나이스비트가 주장했던 것처럼 대의代議정치에서 참여參與정치로 바뀌어 가고 있는 것이고, 이는 거스를 수 없는 트렌드가 되어버린 것이다. 따라서 각 정치 집단은 소통하는 시스템, 즉 SNS로 대변되는 사회 연결망에 대한 세밀한 크로스 채널 전략을 통해 여론을 가감 없이 청취하고 소통해야 한다.

크로스 채널 전략은 능동적, 지향적, 소통적 특징을 가지는 원천 데이터(국민의 생각)를 여론을 통하여 청취하는 것이다. 이를 위헤선 국민이 원하는 것이 무엇인지를 찾아 나가는 물리적, 논리적 시스템이 존재해야 한다.

여기서 '능동적'이라는 말의 의미는 국민 생각을 국민 스스로 만드는 특성을 의미하는 것으로, 이러한 채널은 정보 기술의 발전으로 인해 점점 더 다양화하고 있다. 비정형 데이터, 즉 각종 사진, 동영상, 텍스트 데이터가 블로그, 브이로그, 기타 사회 연결망을 통해 끊임없이 능동적으로 생성되고 있다는 의미다.

지금까지 인류는 농경 시대 약 1만 년, 산업화 시대 약 200년 그리고 정보화시대 약 70년이라는 긴 세월 동안 각 환경에 맞게 능동적으로 발전해 왔다. 국가는 이러한 구조를 통해서 체계적으로 다듬어져 오늘날의 정치 시스템이라는 프레임을 만들어냈다. 본 책에서는 다양한 정치 활동 중 '정당'에 초점을 맞춰 미래의 모습과 민의를 수렴하는 활동에 대해 서술하도록 하겠다.

정치 데이터의 특징

우리는 신문, TV, 인터넷, 사회 관계망 서비스 등을 비롯한 다양한 수단을 통해 수많은 정보를 접하고 전달한다. 이런 과정이 끊임없이 반복되면서 여론이 형성되는데, 이 과정에서 좋은 정보도 접하지만 왜곡된 정보 또한 많이 접하게 된다. 이렇게 왜곡된 정보는 대다수의 국민들로 하여금 그릇된 인식과 사고를 형성케 하고, 이는 사회 전반에 부정적 영향을 미치는 정보. 왜곡 형태로 발전한다.

"발 없는 말이 십 리를 간다"는 속담이 있다. 미디어가 발전하기 이전에도 사람들의 입을 통해 각자의 생각이 멀리까지 전달되는 형태는 아주 오래 전부터 있어 왔다. 그러나 지금은 어느 특정 국가의 어느 지역에서 일어난 작은 사건이 전 세계로 순식간에 알려지는 일들이 비일비재하게 발생하고 있다.

불과 몇십 년 전만 하더라도 비밀이라는 것이 존재했었고, 그 비밀은 외부로 알려지지 않은 채 다른 사건에 묻히거나 심지어는 없어지기도 했다. 그러나 오늘날 대부분의 사건은 인터넷 및 다양한 채널들을 통해 빠르게 공유되어 국가 간 분쟁 또는 국제 사회 여론으로 형성되는 매개체가 되기도 한다. 제3자적인 시각에서 볼 때 국가는 이미 작은 단위의 객체로 진화하고 있는 것 같다.

큰 의미의 정보 생성 측면에서 보면 특정 국가 국민들의 생각과 의견은 능동적으로 생성되고 게시되는 사회 연결망을 통해 나타나고 있다. 자발적으로 생성되는 정보는 각자의 일상 생활에 대한 느낌 또는 소감에서부터 국가의 정책, 지도자, 정당 등 정치에 대한 내용까지 다양하다. 이러한 정보를 빅데이터 측면에서 생각해보자. 능동적이고 자발적으로 만들어지는 수많은 사회 연결망의 빅데이터를 제대로 수집하여 분석하지 않고 제대로 된 정치를 실현할 수 있는지 의문이 들 수밖에 없다.

자신의 정보가 타의에 의해서 또는 제3자에 의해서 만들어진다면 정보로서 가치나 의미가 없겠지만, 자신의 생각과 의견을 능동적으로 올린다는 것은 매우 큰 의미를 가진다. 특히 각자가 느끼는 국가 정책이나 정당에 대한 불만스러운 표현이 소통이라는 이름으로 다양하게 시도되고 있으며, 이러한 표현들을 접하는 계층은 국민이 선거를 통해서 선출한 대표자들이기 쉽다.

과연 국민이 선출한 대표자들이 선거가 끝난 후에도 국민 대다수의 의견을 그대로 반영하고 지속적으로 소통하는지 다시 한 번 생각해 봐야 할 것이다. 우리는 이미 학습 효과를 통해 그렇지 않다는 것을 봐왔다.

이제는 국민과 그를 대표하는 정당 또는 정치인을 선출할 때 쌍방향 시스템을 구축하여 서로가 효과적으로 검증하는 플랫폼이 만들어져야 하지 않을까. 여기서 쌍방향은 '이타주의利他主義'가 중심에 있어야 한다는 것이 대전제다. 사상적으로 어렵게 생각할 것 없이 그저 단순하게 '타인에게 행복과 이익을 기원해 주는 것'에서부터 시작하면 공감 중심의 새 플랫폼이 만들어질 것이다.

긍정적 의미이든 부정적 의미이든 간에 민주주의 국가에서는 다양한 의견들이 나타날 수 있다. 의견 수렴 플랫폼 기반에서 이들 의견을 포괄적으로 수렴한다면 양측 모두 이타주의를 실현할 수 있는 기반이 될 것이다. 정보 기술의 비약적인 발전으로 다양한 국민 의견을 청취할 수 있는 채널들이 수없이 만들어지고 있다. 이러한 기반에서 능동적으로 생성되는 다양한 의견을 적극 활용한다면 국민 대다수가 바라는 정책이나 법률은 얼마든지 만들어질 수 있을 것이다.

다양한 민주적 공감대를 기반으로 능동적으로 생성되는 데이터는 다음과 같은 특징이 있다.

첫째, 실시간 의견 생성

둘째, 정보로서의 형태인 비정형 데이터

셋째, 다양한 의견 창구

이는 민의가 매우 빠르게 생성된다는 것을 의미하는 것이며, 정당이나 정치를 하는 입장에서는 이를 빠르게 수렴해야 한다는 것을 의미하기도 한다. 따라서 단순한 전화 여론조사를 넘어, 보다 기술적인 요소가 추가된 형태의 디지털 민심이 향후 중요한 부분을 차지할 것이다. 이는 '디지털 정당'이라는 새로운 개념을 탄생시킨다. 디지털 정당은 실시간으로 생성되는 국민의 다양한 의견에 효과적으로 대응하기 위한 것이다.

실시간으로 생성된 국민 의견은 비정형 데이터와 같은 다양한 형태일 수밖에 없다. 이는 데이터 측면에서 사진, 동영상, 음성, 문서, 텍스트와 같은 형태뿐 아니라 각종 사물 인터넷의 디바이스에서 생성될 것이다. 실시간으로 만들어진 비정형 데이터 형태의 디지털 민심을 어떻게 해석하고 받아들이냐에 따라 새로운 형태의 여론이 만들어질 것이다. 다양한 형태의 데이터는 디바이스를 통해서 만들어지고 우리가 원하든 원하지 않든 간에 생성과 활용이라는 측면에서 피동적으로 대응할 수밖에 없는 상황에 놓일 것이다.

새로운 형태의 정치 집단 출현

앞서 정치 데이터의 특징에서 언급했듯 아나키즘식 반정치 또는 탈국가화는 당분간 불가능하다 해도, 새로운 정치 집단의 출현은 불가피해 보인다. 우리가 생각하지 못했던 새로운 세상이 지금도 만들어지고 있을 것이기 때문이다. 이는 아마도 '사이버 세상'일 것이며, 이러한 세상은 간단하게 다음과 같이 정리할 수 있다.

첫째, 인터넷을 중심으로 한 세상

둘째, 모바일을 중심으로 한 세상

셋째, 가상 현실, 증강 현실, 혼합 현실 등을 중심으로 한 가상의 세상

인터넷이나 모바일을 중심으로 한 세상은 이미 우리 생활 깊숙이 자리 잡고 있다. 가상 현실, 증강 현실, 혼합 현실 등은 게임에서부터 시작하여 교육 등 광범위한 영역으로 그 세를 넓혀 가고 있다.

이 같이 다양한 공간에서 지속적으로 생성되는 국민 의견을 어느 한 채널에서만(협의 의견) 청취하면 한쪽 눈을 감거나 한쪽 귀를 막고 의견을 듣는 꼴이 될 것이다. 당연하게도 정확한 소통이 이루어질 수 없게 된다.

이러한 의미에서 과학 기술 발전에 따른 새로운 정치 집단이 지속적으로 만들어지게 될 것이다. 그리고 디지털 정당이라는 측면에서 시간적, 공간적 통합을 통해 오프라인의 정당과 함께 융합되어 갈 것이다.

이러한 정당은 어느 한 부분만이 중요한 것이 아닌, 모두가 순환 고리처럼 지속적으로 그리고 스스로 발전할 수 있는 통합적 플랫폼 형태의 모습을 갖추게 될 것이다. 요즘 기업들은 개인에게 맞는 더욱 정교하고 세밀한 마케팅 전략(개인화 서비스)을 통해 충성스런 고객을 확보하려고 노력 중이다. 정당 또한 이러한 맞춤형 커뮤니케이션을 채택하게 될 것이다.

디지털 군집으로 진화하는 여론

디지털 공간에서의 국민 의견이 오프라인 상의 수많은 의견과 점점 더 동일시되는 경향을 보이고 있다. 이후에는 디지털 공간에서 만들어진 능동적인 의견들이 오프라인을 뛰어넘는 세상으로 바뀔 것이라고 확신한다.

물론 지금으로서는 디지털 의견과 오프라인 의견을 정말 동일하게 봐야 할지에 대해 의문이 들 것이다. 일부 선거 등에서 다양한 여론 조사가 이루어지고 있으며, 그 결과가 국민 의견을 제대로 반영하고 있는지는 여전히 의문이다. 디지털 상에서 만들어진 다양한 의견 데이터의 분석 시도가 이루어지고 있지만, 아직까지는 많은 괴리가 있는 것이 현실이다.

디지털 군집群集 Community은 무엇인가? 능동적, 지향적, 소통적이라는 특성을 가진 디지털 세상에서 사이버 민의에 해당하는 데이터는 과연 어떠한 의미를 가지고 있는가? 특정 영역을 차지하는 군집은 어떠한 시공간 내에서 활동하거나 모여 있는 다양한 객체로서 특정한 의미를 담고 있는 것이 일반적이다. 다시 말해 특정 개체 간 유사성이 높은 부분을 분류하고 이러한 개체의 유사성을 분석할 수 있는 대상을 말하는 것이다. 사람들은 관심사 및 지향하는 바가 같은 집단끼리 모여 활동하는데, 디지털 공간에서는 특정한 커뮤니티가 될 수도 있고 각 개인이 될 수도 있다.

소수 의견은 아무 의미가 없거나 미치는 영향이 작을 수 있다. 하지만 강력한 연결성으로 군집화를 이루면 향후 큰 영향을 발휘하는 네트워크

디지털 데이터의 특징

로 발전할 수 있다. 블로그를 예로 들어 보자. 자신들의 관심사 및 다양한 의견을 능동적으로 게시한다. 그리고 이러한 의견들은 점점 쌓여 축적된다. 축적된 많은 사람들의 의견을 모아서 빅데이터 플랫폼 안에 저장해 분석하면 이는 유의미한 정보로 가공되며 특별한 의미를 지닌 결과가 만들어진다. 국가, 정당, 정치인들이 이를 활용하게 되면 국민들이 원하는 다양한 정책을 실현할 수 있게 된다.

4차 산업혁명으로의 급격한 변화 속에서 정보 기술은 단지 그 기술만을 가지고 편리한 세상을 만들어 가는 개념을 넘어 수 많은 정치, 경제, 사회, 문화적 변화를 동반할 것이다.

국민 의견은 다음과 같은 형태로 바뀔 것이다.

첫째, 시민 참여형으로 확대된다. 1분이면 만들 수 있는 다양한 블로

그 또는 사회 관계망, 즉 SNS가 더욱 활발하게 활용될 것이다. 금융 산업 분야에서 인터넷 은행이 하루 아침에 기존 오프라인 은행을 넘어 금융의 큰 축을 형성하게 된 것처럼, 다양한 채널을 통해 시민이 참여할 수 있는 기반이 지금도 만들어지고 있다.

둘째, 사이버 공간 등 의견 표현 방식 및 방법이 변화한다. 1인 미디어의 출현으로 누구나 유튜버가 될 수 있고 1:1을 넘어서 1:N으로 계속 진화하고 있다. 동영상과 음성, 텍스트 그리고 사진 등의 데이터가 융합되어 자신의 의견은 더욱 다양한 방식으로 바뀔 것이다. 예를 들어 사이버 공간 상의 채널을 세분화해서 보면 20대에서 30대의 연령층은 인스타그램을 선호하고 40대는 블로그를 선호하며 50대 이상은 문자 또는 유튜브를 선호하는 특징을 가진다. 이러한 다양한 채널을 아우르는 크로스Cross 디바이스 채널 전략을 구축하여 변화에 대응해 나가야 할 것이다.

셋째, 정당 및 정치인의 생명 주기가 축소된다. 지금까지 정당 또는 정치인은 한 번 대표자로 선출되면 오랜 기간 그 역할을 수행할 수 있었다. 하지만 지금은 인터넷 마케팅의 변화처럼 관심을 끄는 주기가 매우 짧아지고 있고, 심지어는 작은 이슈로 인해 하루 아침에 묻혀 영원히 회복할 수 없는 상황까지 생기기도 한다. 이슈는 데이터적인 측면에서 보았을 때 다음과 같은 생성 배경을 가지게 된다.

① 체험 중심 ② 자기 중심 ③ 경험 중심 ④ 상황 중심 ⑤ 이슈 중심 ⑥ 내용 중심 ⑦ 의견 중심 ⑧ 니즈Needs 중심

이러한 이슈는 사회 연결망의 소셜 중심 데이터와 매우 비슷한 속성

을 가진다. 하나의 정치적 이슈가 발생하면 긍정과 부정으로 나뉠 수 있다. 이러한 긍정과 부정은 반드시 8개 속성의 배경을 가진다. 이 부분은 이후 좀 더 자세히 다루도록 할 것이다.

넷째, 사이버 상의 빅마우스 및 조정자가 등장한다. 사이버 공간에서 생산되는 다양한 의견에 대한 허브 역할을 하는 사람들이 생겨나고 있고 이는 더욱 확대될 것이다. 이러한 허브 역할을 하는 사람들과 강한 네트워크를 형성하는 것이 바람직할 것이다. 일반 기업에서도 큰 목소리를 내는 빅마우스 개인 또는 커뮤니티에서 체험 행사 등 다양한 이벤트를 개최해 마케팅 전략으로 활용한다. 정치에서도 이러한 부분이 더욱 확대될 것이고, 의견을 내는 객체에 대한 분석이 선행되어야만 강한 네트워크를 형성할 수 있는 기반이 만들어질 것이다.

이 4가지 형태의 큰 변화는 모두 동시 다발적으로 일어날 것이다. 빅데이터를 효과적으로 활용하는 기반이 있어야 이에 대한 대비가 가능할 것으로 보인다.

정치 기반 사회 연결망 데이터의 특징

정보 기술의 발전으로 시작된 사회 연결망을 정치적 측면에서 본다면 정당, 정치인은 기존 채널의 발전에 대비하기 위해 기술적 메커니즘을 이해하고 이를 이용해 능동적으로 대처해야 할 것이다. 민의를 살핀다는 것은 데이터 측면에서 볼 때 우리가 능동적으로 생성하는 의견 중 정치에 관련된 부분이 어떠한 특징을 가지고 있을까 고민하는 것과 같다.

민의를 수렴한다는 것, 국민 고충을 듣는다는 것은 다음과 같은 이해에서 시작한다.

상황과 이슈에 대한 해석은 주관적이고 자기 중심적으로 매우 다양하게 표현되는 특징을 가지는데, 이는 데이터적인 속성에서도 같다고 할 수 있다. 이러한 부분은 이후 사회 연결망에서 소셜 중심의 데이터와도 매우 비슷한 속성을 가지게 된다.

이러한 속성을 가지고 특정인에 대한 이슈가 발생했다고 가정하자. 물론 상황에 따라 그러한 이슈는 단순히 소멸될 수도 있고 더 큰 이슈로 발전할 수도 있다. 특정 이슈를 통해 하나의 팩트가 만들어지지만 그 팩트는 단어 뜻 그대로 진실일 수도, 어쩌면 거짓일 수도 있다. 하지만 대다수의 디지털 상 객체인 의견 게시자들은 체험 중심으로 이슈를 바라본다.

체험 중심은 제3자의 의견 또는 경험에 더해 마치 내가 직접 경험했던 것처럼 내용을 추가하여 다른 이슈를 만들어 낼 수 있을 정도의 파급 효과를 불러일으킨다. 제3자의 체험도 자기 중심적으로 확대 해석하는 특징을 가지고 있는 것이다. 여기서 자기 중심적이라는 것은 다양한 정치적 색깔을 넣어 지극히 주관적인 의견으로 만드는 것을 의미한다. 이러한 주관적인 의견은 내가 경험하지 않았던 것을 직접 체험한 것처럼 자기 중심적인 부분과 융합하여 경험으로 만들어 내는 것이다. 매우 평범한 이벤트라 할지라도 시대적 상황과 맞물려 눈덩이처럼 비화되는 경우가 정치 관련 이슈에서는 빈번하다.

상황 중심과 이슈 중심은 하나의 테마처럼 움직이는 경우가 있고, 상

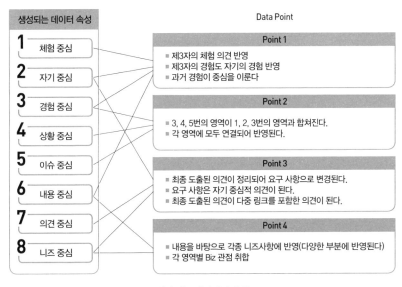

생성되는 데이터의 속성

황은 이슈와 맞물려 빅데이터를 통해 도저히 회복할 수 없는 치명적인 결과를 양산하기도 한다. 내용 중심과 의견 중심은 서로 보완적인 특징을 가진다. 모든 사회 연결망 데이터는 시계열을 포함한 사건에 대한 내용과 함께 능동적 게시자들의 의견이 동반된다. 그러한 결과를 통해서 그들이 원하는 바, 즉 니즈를 중심으로 하는 내용이 더 부가될 수 있다. 니즈 중심은 다양한 각 영역별 관점이 취합되는 것으로, 이는 비즈니스에서도 크게 다르지 않다.

이상 정치 관련 사회 연결망 데이터의 속성에 대해서 알아보았다.

이중 ① 체험 중심 ② 자기 중심 ③ 경험 중심 ⑥ 내용 중심의 데이터는 본인이 생성한 데이터임에도 불구하고 다양한 제3자의 체험된 의견이 반영된다. 즉 자기 경험과 제3자의 경험, 과거 중심의 경험이 함께 내재되어 생성된 것으로 볼 수 있다.

뿐만 아니라 ③ 경험 중심 ④ 상황 중심 ⑤ 이슈 중심 데이터는 ① 체험 중심 ② 자기 중심 ③ 경험 중심의 영역과 상당 부분 중복되는 경향이 있으며, 이후 좀 더 자세히 다루도록 할 것이다. 앞에서 나열한 ①번에서 ⑧번까지의 속성은 인공 신경망에서 '노드Node'와도 매우 비슷하다. ② 자기 중심 ⑦ 의견 중심 ⑧ 니즈 중심은 데이터 생성 당시 정리된 내용을 중심으로 자신의 의견이 들어가서 전체적인 데이터 생성자의 생각이 포함되는 특성이 있다(데이터 포인트 3). 그것은 ⑥ 내용 중심 ⑧ 니즈 중심을 이루는 데이터 포인트 4의 특성 또한 가지고 있다(앞 페이지 그림 참고).

이러한 4가지 포인트를 중심으로 말과 글은 우리의 생각과 마음, 즉 국민 의견을 표현하는 논리적 측면의 언어와 그 언어가 지니는 함축적 전달 관계를 통해 논리적 상황과 물리적 상황의 의미로 표현된다. 그리고 다시 그 의미가 지니고 있는 2차적 의미를 파악하여 새로운 상황에 대한 인지를 표현하게 해 준다.

예를 들어 소셜에 게시되어 있는 의견이 "너무 힘들어요."라면 이는 신체적, 정신적으로 매우 힘든 상태를 언어로 전달해 놓았다고 볼 수 있다. 분명 뭔가 도움이 필요하다는 의미는 전달된다. 하지만 이것만으로는 운동을 많이 해서인지, 장사가 안 돼서인지 또는 손님이 없어서인지, 몸이 아파서인지 추측하기 힘들 것이다.

그러나 1차적, 2차적 분석과 단어의 연결 상태, 언어의 관계 등을 조합해서 분석하면 이 사람이 힘든 이유를 알 수 있을 것이다. 시계열적으로 나열된 다양한 군집에서의 "힘들어요."에 대한 빅데이터 분석으로 패턴을 찾아낸다면 개인뿐 아니라 공동의 의견을 알 수 있을 것이다.

　이렇게 생성된 다양한 데이터를 효과적으로 분석하지 않는다면 이는 정치적인 위험 요인으로 작용할 것이다. 역설적으로 이러한 데이터를 잘 활용한다면 국민에게 많은 도움이 될 것이고 장기적으로 정치 기반을 공고히 할 수 있는 기회가 될 것이다.

　권력은 국민과의 소통에 기반한 연결에서 나오는 것이다. 이러한 네트워크의 연결선을 강하게 만들기 위해 정보 기술과의 융합이 필요하며, 효과적인 빅데이터 구축을 통해 통찰력을 얻어 정치의 미래에 대비할 수 있을 것이다.

　세상 모든 것은 '연결의 의미'를 재해석함으로써 이해하게 된다. 즉 연결의 분석을 통해 정치, 경제, 사회, 문화, 산업 등 다양한 분야에서 의미를 파악할 수 있게 되는 것이다.

경제의 변화

케인즈는 1930년에 쓴 에세이 '우리 손주 세대의 경제적 가능성 Economic Possibilities for Our Grandchildren'에서 "앞으로 100년 안에 우리의(여기서 '우리'는 미국을 말한다.) 생활수준은 4배에서 8배 정도로 높아지며, 인류가 당면하고 있는 경제적 문제들은 대부분 해결될 것이다."라고 예측했다. 그로부터 지금까지 미국의 1인당 국내 총생산이 대략 5배에서 6배 이상 성장했다.

케인즈는 같은 글에서 기술 실업 Technological Unemployment, 즉 빠른 기술 발전으로 인해 인간이 기계로 대체되면서 실업률이 높아질 가능성에 대해서도 언급한 바 있다. 거의 100년이 지난 오늘날 제4차 산업혁명을 말할 때 가장 많이 거론되는 토픽이기도 하다. 인류는 풍요로움 가운데에서 그 외의 시간을 어떻게 보낼 것인가 하는 문제에 직면할 것이라고 했다. 노동 시간은 하루 3시간 또는 주 15시간으로 줄어들 것으로 예측했고, 우리 사회는 지난 수십 년간 노동 시간의 꾸준한 감소를 목격해

왔다.

사실 지금의 생활 및 경제 수준이 케인즈가 예견한 수치와 정확하게 일치하지는 않지만, 보편적인 기술의 발전 덕에 인력을 중심으로 하는 대부분의 노동은 지적 노동으로 이전되어 인력이 필요한 곳이 대부분 기계로 채워지는 것을 우리는 체감하고 있다. 2016년 세계경제포럼이 발표한 〈일자리의 미래〉 보고서를 통해 현재 초등학교에 들어가는 우리 아이들의 65%가 오늘날 존재하지 않는 유형의 일자리를 구할 수도 있다고 예견했다. 아주 먼 미래의 이야기가 아니다. 불과 10년, 20년 후의 일이다. 그만큼 인공지능과 빅데이터, 클라우드, 바이오 그리고 사물 인터넷 등의 기술 발전으로 말미암아 우리 노동시장은 커다란 변화를 겪을 것이다.

지금 경제는 다른 어떤 분야보다도 빠르게 변하고 있다. 기술로 대변되는 공유 경제, 구독 경제 등 새로운 소비 패턴의 변화, 긱 이코노미 Gig Economy와 같은 노동시장의 변화와 극단적으로는 가상 화폐와 블록 체인으로 인한 화폐의 종말 등이 거론되고 있다. 이러한 변화를 통해서 앞으로의 경제구조 및 금융은 지금까지 겪어보지 못했던 새로운 변화를 만들어낼 것이다. 2020년 코로나 글로벌 팬데믹으로 인해 그 동안 각광받던 공유 경제가 위기를 맞은 것도 사실이나, 그렇다고 해서 과거의 소유 패턴으로 돌아가는 것은 더욱 상상하기 힘들다.

오히려 그 동안 자리 잡지 못했던 원격 근무가 보편화될 가능성이 매우 커지면서, 사람들이 모여 기술 발전의 선도적 역할을 해오던 '도시'가 사라지는 것은 아닐까 하는 질문까지 나온다. 어쩌면 코로나19라는 전염병과 인공지능 등 정보 기술의 발전으로 구독 경제, 데이터 경제 같은 신 경제가 비약적으로 발전하고 있는 지금의 모습과도 많은 부분 일치한다.

우리 삶의 변화

사전적인 의미에서 '경제'는 인간 생활에 필요한 재화 또는 용역을 생산·분배·소비하는 모든 활동을 의미하며, 그러한 활동을 통해 이루어지는 사회적 관계를 의미하기도 한다. 인류의 삶은 거래라는 이름의 물물교환을 시작으로 발전하였고 이후 화폐의 출현으로 지금과 같은 경제적 프레임 속에서 시스템이 완성되었다.

경제적 시스템은 입력, 출력, 구성, 목적에 해당하는 다양한 객체가 존재하며, 이러한 객체는 다양한 방식으로 연결되어 하나의 프레임 워크를 이루었다. 이러한 경제 프레임 워크는 거시적, 미시적 측면에서 다양한 변화를 요구 받고 있다.

첫째, 인구 구성의 변화다. 저출산 고령화로 인한 노령 인구 증가와 함께 노동시장에도 많은 변화가 생길 것이다. 경제주체의 고령화가 불을 보듯 뻔하고, 기존 은퇴 연령과 연금 체계의 사회적 합의를 통한 변화가 없다면 노인층 빈곤화는 풀기 힘든 숙제가 될 것이다.

저출산은 경제활동 인구의 급속한 감소를 초래하기도 하지만 디지털 기기에 익숙한 젊은 층의 디지털 환경 장악 또한 가능케 할 것이다. 새로운 디지털 환경으로 만들어지는 가상의 공간은 앞으로 새로운 경제 영역으로 자리 잡을 것이다. 이러한 디지털 공간에서의 세력화와 더불어 물리적 사회 구성을 이루는 가족의 변화도 초래할 것이다. 이미 1인 가구의 증가는 가파른 상승세를 보이고 있고, 그로 인한 가족 기능의 변화뿐 아니라 주거 환경과 소비 문화에도 커다란 영향을 미치고 있다.

둘째, 거래의 변화다. 이미 세계 각국의 거래 환경은 핀테크 기술을 이용한 더 편리한 현금 대체 수단으로 급격히 바뀌고 있다. 또한 활발하게 거래되고 있는 가상 화폐Crypto Currency의 경우만 하더라도 채굴이라는 방법으로 계속해서 생성되고 있다.

2000년도 후반 처음 선보인 비트 코인을 시작으로 지난 몇 년간 가상 화폐 열풍이 전 세계를 휩쓸었다. 처음 나왔을 때 불과 몇백 원 정도였던 비트 코인의 가치가 한때 2,000만 원 대까지 오르면서 '향후 기존의 모든 통화를 다 대체할 것'이라는 주장도 있었지만, 그러기엔 상당히 오랜 시간이 걸릴 것으로 보인다. 다만 가상 화폐가 시장에서 지속적으로 거래되고 그 가치를 계속해서 인정받는다면 앞으로 금융 시장의 중요한 한 축으로 성장할 가능성은 충분하다. 종류 또한 날로 늘어나서 현재 5,000종 이상의 가상 화폐가 거래되고 있다.

더욱 기대되는 것은 가상 화폐의 원천 기술인 블록 체인이 앞으로 금융 거래뿐만 아니라 개인 간 모든 거래 계약서를 대체할 가능성이다. 블록 체인 기술이 보편화된다면 사이버 공간에서의 개인정보가 안전하게 저장될 것이고, 따라서 개인의 모든 거래가 복잡한 중간 단계를 뛰어넘어 직거래될 수 있게 되는 것이다. 예를 들어 집을 살 때 필요한 서류를 확보하기 위해 공공 기관에 뛰어다닐 필요도 없고 은행에 갈 필요도 없으며 심지어 중개인조차 필요 없을 정도로 과정이 간소화될 것이다.

셋째, 4차 산업혁명 중심의 경제 시스템 변화다. 2016년 1월 스위스 다보스에서 개최한 세계 경제 포럼(일명 다보스 포럼)에서 4차 산업혁명 The 4th Industrial Revolution을 제시한 지 불과 4년밖에 지나지 않았지만 대부분의 사람들은 이미 코앞에 다가왔다고 믿고 있다. 하필 그 해 3월 알파고와 이세돌의 대국에서 이세돌이 4대 1로 패하는 모습이 전 세계에 생중계되면서, 4차 산업혁명은 먼 미래의 얘기가 아닌 이미 다가온 현실이라는 것을 알게 되었다. 이렇듯 하루가 다르게 발전하는 기술에 대한 소식과 함께 주식시장에서 소위 4차 산업혁명을 선도한다는 기업들의 시가총액이 과거의 기업 평가 방식으론 도저히 설명할 수 없을 정도로 높아지는 것도 한몫 톡톡히 하는 건 아닐까? 미국의 애플이나 아마존 그리고 구글의 시가 총액은 이미 1,000조 원을 훌쩍 넘어 버렸다.

다시 기술로 돌아와 4차 산업혁명의 핵심 기술로 자율주행, 3D 프린팅, 로봇, 바이오 등이 거론되는데, 결국 이 모든 기술들은 인공지능과 빅데이터를 통해서 구현 가능하다.

레이 커즈와일 박사의 '특이점 Singularity'에 대해 잠깐 논해 보자. 이는 기술이 인간을 능가하는 시점을 얘기하며, 기술의 변화 속도가 매우 빨라 그 결과에 의해 인간의 생활이 되돌릴 수 없이 변화되는 시기, 즉 인공지능이 인간의 지능을 앞서는 시점을 의미한다. 그 때가 되면 다양한 비즈니스 모델에서부터 생물학적인 인간의 수명, 그리고 질병에 따라 우리 삶에 해당되는 모든 부분이 변화하게 된다. 어찌 보면 이는 '지구촌'을 얘기했던 마셜 맥루한이 "우리가 도구를 만들고 다음엔 도구가 우리를 만든다"고 했던 것과 같은 맥락이 아닐까. 커즈와일은 그 시점을 2040년 중반으로 보고 있다. 이 책에서 다루는 10~20년 후의 이야기다.

넷째, 경제의 기반이 플랫폼 기업 중심으로 변화할 것이다. 디지털 플랫폼 기반의 정보 기술을 발전·적용시키는 디지털 전략이 기술의 패러다임을 바꿀 것이다. 이와 함께 관련 법규 제정 등을 통해 유연한 규제 테두리 안에서 산업과 기업을 보호하고 발전시켜야 한다. 특히 빅데이터는 개인정보 침해 등의 부작용도 포함하고 있기에 이를 활용한 일련의 활동이 다른 부정적인 행위로 이어지지 않도록 제어하는 역할도 국가 또는 법률의 몫이다. 디지털 플랫폼 기반의 빅데이터 기업은 파급 효과가 매우 크기에 그 활용 측면에서 국가 또는 지역을 뛰어넘는 크나큰 슈퍼 파워를 발휘할 수도 있다. 따라서 이에 대한 대비 또한 서둘러야 할 것이다.

다섯째, 지역 간, 국가 간, 기업 간 기술의 종속성이 심화할 것이다. 기술력을 확보한 국가나 거대 기업들을 중심으로 지역 간, 국가 간, 기업 간 서열화가 고착화되고 절대 뛰어넘을 수 없는 초 격차 현상이 현실화될 가능성이 매우 커 보인다. '신 냉전'이라고도 불리는 미국과 중국 간 경쟁의 핵심엔 기술력 확보를 통한 우위 선점이라는 커다란 어젠다가 있다.

여섯째, 전염병 및 환경 변화로 인한 경제적 변화가 더욱 가속화할 것이다. 지구는 환경 오염 등으로 인해 거주하기가 어려워져 여러 기준으로 인간을 나누어 선택 받은 자들과 그들의 자녀들은 인공적으로 만든

'엘리시움'에 거주하게 되고 선택 받지 못한 자들은 열악한 지구에서 생활하게 될 것이다. 영화 〈엘리시움〉의 한 장면이다. 수많은 공상 과학 영화 속에서 종종 다루어지는 이야기다. 인간이 가지고 있는 부 또는 지능지수 등을 등급화하여 계급을 나누고 거주 지역을 나눈다는 것이다.

과연 단순히 영화 속 이야기일 뿐일까? 2020년 코로나 바이러스 사태 때 전 세계 슈퍼리치들이 외딴 섬에 바이러스 등의 재난 시 피할 수 있는 거주지와 호화 지하 벙커를 만든다는 소식을 뉴스를 통해 볼 수 있었다. 엘리시움과 같은 개념 아닐까? 이렇듯 부의 양극화는 더욱 확대될 것이다.

이와 함께 비대면, 즉 언택트 기술을 통한 산업의 변화 또한 뚜렷이 나타날 것이다. 유통, 제조, 의료 등 산업 전반에서 온라인 기반 서비스를 하는 기업이 중심이 될 것이고, 이와 함께 다양한 형태의 비대면 기술이 발전할 것이다. 언택트 기술을 통하게 되면 교통, 통신 등 사람과 사람을 연결해 주는 다양한 수단에서도 새로운 서비스가 나타날 것이라는 사실을 예견할 수 있다.

전문가들은 우리의 생활 패턴이 코로나19 이전과 이후로 나뉘어지며, 이전으로는 절대 돌아갈 수 없을 것이라고 말한다. 이전으로 돌아갈 수 없다는 것은 과거의 생활 패턴이 지금과는 절대로 맞지 않다는 것을 의미한다.

지금까지 우리의 삶 전반에 걸쳐 여섯 가지의 변화되는 미래를 간략하게 살펴보았다. 인간은 사회적 동물이라고 한다. 하지만 기술 발전과 다양한 질병으로 인해 우리는 사회적 동물이라는 특징을 버리고 새로운

형태의 삶으로 진화해 갈 것이다. 그 변화는 경제의 기본적인 요소라고
할 수 있는 화폐의 변화를 통한 현금의 종말, 가상 화폐의 등장, 기축 통
화의 변화, 결제 수단의 다양화, 소득 기준 등 많은 부분을 바꾸어 놓을
것이다.

금융의 변화

불과 얼마 전가지만 하더라도 우리는 직접 은행 창구에 가서 통장과
도장, 비밀번호를 이용해 입출금할 수 있었다. 하지만 기술 발전으로 말
미암아 전화 또는 인터넷, 스마트폰 앱 등으로 금융 거래를 하고 있다.
자신을 나타내는 고유 Unique 정보는 비밀번호를 넘어서 홍채, 지문, 정맥
등 다양한 부분으로 계속 진화하고 있다. 실로 꿈 같은 일들이 벌어지고
있는 것이다.

14세기경 이탈리아의 도시 상인들이 환전 업무를 했던 탁자를
'Banco'라고 하는데 여기서 'Bank'가 유래되었다고 한다. 이렇게 금융
은 유럽에서 시작되어 15세기를 거쳐 발전하여 20세기 이후 다양한 형
태의 은행 및 상품이 개발되었고, 소위 말하는 '메가 뱅크'도 이즈음 만
들어졌다.

하지만 21세기 초반부터 오프라인 중심의 은행 지점들이 점점 사라지
고 있다. 실제로 유럽에서 최근 4년간 약 2만여 개의 은행 지점이 감소
했다는 사실에 주목할 필요가 있다. 또한 다양한 멀티 채널이 등장하면
서 '컨버전스'라는 이름으로 다른 업종과 융합된 금융 상품이 소비자와

접점의 다각화를 이루며 발전하고 있다. 컨버전스 플랫폼 기반으로 결제, 대출, 송금 대체가 되면서 은행이 기존 온라인 쇼핑몰과 경쟁을 하게 되었고, 결과적으로 그들이 가지고 있던 결제 수단으로서의 역할이 축소되고 있다.

금융 산업은 향후 온라인 플랫폼 기업과 경쟁할 것으로 보이는데 온라인 플랫폼 기업은 P2P 또는 P2B 등으로 발전할 것이다. 이는 기존 산업의 질서를 와해시키는 파괴적 혁신자 역할을 수행할 것이므로 이에 대한 대비책 또는 혁신 수단으로서 '빅데이터 무장'이 필요할 것이다.

다양한 은행 형태 중 인터넷 은행의 서비스 사례를 알아보자. 플랫폼 기반 인터넷 은행의 한 사례로 '메신저 등을 기반으로 하는 은행'이 있다. 이러한 메신저 중심의 단순 플랫폼 기반 은행은 그들이 제공하는 UI, UX 등에 매몰되어 고객이 빠져나오지 못하는 록인Lock-in 효과를 이용해 폭발적으로 성장하고 있다. 휴대전화 번호만 가지고도 송금이 가능하거나 이메일 주소와 이름만으로 송금이 되는 기본적인 서비스 외에 다양한 서비스를 통합하여 편리한 서비스를 제공하는 다양한 기능들이 이미 개발되었지만, 금융 관련 법규가 이를 따라가지 못하는 현상도 나타나고 있다. 뿐만 아니라 인터넷 은행들은 저렴하고 차별화된 금리를 제공하고 있으며, 직접 은행에 가지 않고 비대면으로 계좌를 개설하는 기능 또한 가지고 있다.

온라인 상에서의 다양한 활동을 모니터링해 대출 적합도를 측정하거나 온라인 상 고객 추천을 통해서 포인트 또는 현금을 지급하는 금융 모델도 등장하고 있다. 이와 더불어 사회 연결망, 즉 SNS를 통해서 고객

성향을 분석한 후 이를 기반으로 금융 상품 또는 서비스를 개발하기도 한다. 이러한 은행들은 지점이 없다는 비용적 장점과 함께 혁신적인 IT 기술로 무장하고 있어 이는 더욱 공격적인 고객 유치를 가능하게 한다.

금융이 인간의 경제활동에서 필수불가결한 요소로 자리잡은 지 이미 오래되었다. 이러한 금융이 기술과 손을 잡고 새로운 형태로 진화하는 건 지극히 당연한 결과이기도 하다. 금융의 미래는 다음과 같은 기술 요소를 통해 전환기를 맞고 있다.

① 블록 체인 ② 가상 화폐 ③ 빅데이터 ④ 클라우드 ⑤ 암호화 기술 ⑥ 네트워크 등을 조합하면 새로운 융합의 산물이 만들어진다. 예를 들어, '① 블록 체인+② 가상 화폐=새로운 화폐', '③ 빅데이터+④ 클라우드=새로운 서비스', '⑤ 암호화 기술+⑥ 네트워크=보안' 등 다양한 기술 조합에 따라 새로운 서비스가 창출되는 특징을 가지고 있다.

금융은 우리가 상상하지 못하는 새로운 형태로 지속적으로 진화하고 있다. 이러한 진화의 결과는 우리의 삶을 바꾸고 금융 프레임 워크를 통해 우리를 편리한 삶으로 안내할 것이다.

데이터 기반의 경제

리처드 얼린Richard Alleyne은 인간이 하루에 평균적으로 접하는 정보의 양이 무려 신문 174쪽 정도에 해당한다고 했다. 이러한 정보는 양이 실로 방대하지만, 그에 대한 관심의 깊이는 얕은 특징을 가진다. 하물며 전에 수십 개씩 외웠던 전화번호를 이제는 하나 내지 서너 개만 외우고 있는 것이 현실인지라 우리가 얼마나 많이 디지털 기기에 종속되어 있는 지를 실감하게 한다.

뿐만 아니라 실시간으로 만들어지는 각종 뉴스를 비롯한 새로운 정보와 거리를 거닐 때 노출되는 CCTV, 그리고 다양한 센서 정보 등 우리는 정보의 홍수에서 살고 있다.

다양한 공공 데이터를 잘 정제해 모아서 이를 국민에게 제공하여 보다 나은 생활을 가능하게 하고 산업적으로 이용하는 서비스 측면에서의 노력 또한 이루어지고 있다. 우리나라와 미국의 공공 데이터 포털에는 분류 별로 다양한 공공 데이터가 게시되어 자유롭게 활용할 수 있도록 하고 있다.

빅데이터는 '21세기의 원유'라고 했다. 빅데이터는 이미 산업의 원천으로서 비즈니스 성공을 좌우하는 가장 중요한 4차 산업혁명의 중심에 서 있은 지 오래다. 이러한 빅데이터를 얼마나 많이 소유하고 활용하느냐가 기업 성장은 물론, 더 나아가서는 국가 경쟁력의 관건이 될 것이다.

과거 빅데이터 이전에 데이터 웨어하우스DW, Data Warehouse에서는 주로 고객에 관련된 트랜잭션 위주의 데이터가 주류를 이루었다. 이것은 구매, 배송, 대금 처리 등 어플리케이션 위주의 정형화된 데이터였다. 이런 데이터는 거래에 관련된 형태로, 패턴이 중요하지는 않은 단순 통계 위주의 정보다. 하지만 현재의 데이터는 어떠한가? 다양한 디지털 기기 및 사물 인터넷의 비정형 데이터다. 패션 분야를 예로 들자면, 고객 스타일에 관련된 기능, 색상, 사진 등 다양한 형태의 데이터에 구매자의 다양한 의견, 구매 이력, 유사 상품 등의 데이터가 더해져 고객에 대한 통찰력을

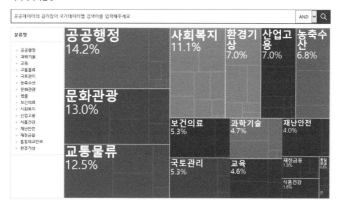

한국 공공 데이터 포털

출처 : data.go.kr

미국 공공 데이터 포털

출처 : data.gov

제공하는 데 주안점을 주는 형태로 바뀌었다. 기존의 고객 트랜잭션 데이터는 극히 일부를 차지하고 있고, 그와 더불어 다양한 상품 및 서비스에 대한 의견 또한 흔히 접할 수 있게 되었다.

이러한 비정형 데이터 유형은 내부 또는 외부 데이터를 기반으로 하고 있기 때문에 패턴이 매우 중요한 부분을 차지한다. 빅데이터를 분석한다는 것은 곧 데이터 패턴을 찾는 것이라고 해도 과언이 아니다. 잘 정제된 데이터에 인공지능 알고리즘을 적용하면 선호도를 파악하는 데 매우 효과적으로 활용할 수 있다.

다음은 빅데이터를 적용할 수 있는 산업군이다.

① 유통 : 고객 및 상품에 대한 선호도 및 제품 개발과 마케팅

② 제조 : 디지털 트윈, 스마트 팩토리 등을 중심으로 한 제조 및 생산 혁신

③ 의료 : 헬스케어 및 유전체 정보를 분석하여 질병 예측 및 치료

④ 금융 : 금융 상품 및 서비스 개발, 금융 사기 방지 시스템

⑤ 보험 : 보험 상품 및 연계 상품 및 서비스 개발, 보험 사기 방지 시스템

⑥ 공공 : 교통, 복지, 헬스케어, 교육, 치안, 소방, 행정, 과학 기술

다양한 영역에서 활용되면서 지속적으로 발전하고 있으며 그 외에 통역, 번역, 선거 등 분야에서도 활용 가능하다. 데이터는 그 어떤 것보다도 소중한 자산이므로 지금부터라도 데이터를 모으고 분석하는, 데이터 중심의 사고를 가져야 할 것이다.

정보 기술과 빅데이터로 인해 누구도 상상할 수 없는 서비스 융합이

비약적으로 진행·발전하고 있다. 지금은 소프트웨어 세상에서 데이터 세상으로 바뀌고 있으며, 얼마나 많은 데이터를 가지고 있는지가 부의 척도가 될 것이라는 것을 믿어 의심치 않는다.

다가올 데이터 경제에 대한 준비

지금까지 언급한 데이터 경제는 빅데이터가 경제 활동의 중요한 생산 요소로 활용되는 경제적 구조를 의미한다. 다양한 자원이 일련의 프로세스를 거쳐 부가가치가 높은 제품 및 서비스로 발전하는 것처럼, 데이터도 같은 맥락에서 자원에 비유할 수 있다.

데이터는 다음과 같은 일련의 과정을 거쳐 분석이라는 단계에서 부가가치가 창출된다.

데이터의 부가가치 창출 과정

분석의 기본 단위는 분석 단위Unit of Analysis라고 한다. 분석은 모집단의 특성을 추론해내는 일종의 통계학 분야이기도 하다. 이러한 분석은 4가지 요소를 가진다.

첫째, 데이터 진단과 분석 준비 및 파악을 통해 데이터 자체에 대한 레벨을 인식한다.

둘째, 다양한 데이터 기반의 분석 전략을 기획하고 계획을 수립하며 분석에 필요한 요구성을 발굴해 구체화한다.

셋째, 다양한 레퍼런스 경험을 통해 지식을 내재화시킬 수 있어야 한다.

넷째, 이러한 내재화를 기반으로 분석적 사고를 키워야 한다.

이를 통하여 우리는 다양한 데이터와 서비스 기반의 프레임을 만들고 적용시켜 지속적으로 발전하는 순환형 모델을 가진다. 분석 기반의 순환형 모델은 다가올 데이터 경제의 기반이 되는 것이며 과거와 현재 그리고 미래의 변화에 대응할 수 있도록 해준다.

정보는 분석적 사고를 통해 '과거에는 무슨 일이 일어났는가?', '현재는 무슨 일이 일어나고 있는가?'에 대한 경고의 의미와 함께, '미래에 무슨 일이 일어날 것인가?' 하는 지혜의 측면으로 발전한다. 정보에 대한 통찰력을 통해 '어떻게, 그리고 무엇 때문에 일어났는지?'에 대한 원인을 파악할 수 있고, '이에 대한 실질적인 행동을 어떻게 해야 할지?'에 대한 지침을 만들 수 있으며, '미래에 우리가 접하게 될 가장 최적의 대응 방법은 무엇인지?'에 대해 파악할 수 있다.

지금까지 분석적 사고에 대해 알아보았다. 분석적 사고를 기반으로 우리는 데이터 경제에 대한 실질적인 대응 및 준비를 할 수 있다.

그 첫 번째 준비 작업으로, 우리가 보유할 수 있고 접근 가능한 다양한 데이터를 가지고 있어야 한다. 데이터 기반 경제는 데이터를 중심으로 한 플랫폼 구조이며, 기업 내에 존재하는 데이터가 그 핵심 요소다. 향후 혁신적인 서비스를 만들어 수익을 창출하는 모델로 발전시키기 위해서는 전략적 시각으로 데이터를 바라봐야 하고 확보해야 한다.

두 번째, 데이터 경제 3법처럼 데이터 활용을 뒷받침하기 위한 다양한 규제와 정책이 기술 발전과 더불어 효과적으로 적용되어야 한다. 이는 톱니바퀴처럼 유기적으로 맞물려 나가는 이상적인 조합을 의미한다. 최근 국회에서 발의되어 입법화된 데이터 경제 3법이란 개인정보보호법, 정보통신망법, 신용정보법을 말한다. 개인정보 보호에 관한 법령이 부처별로 상이하게 분산되어 있어 이를 통한 불필요한 중복 규제가 되고 있기 때문이다.

특히 많은 데이터를 확보하기 위해서 다양한 인터넷 사이트에 접속하여 수집하는 크롤링 기법 등은 아주 위험성이 크다고 할 수 있다. 따라서 데이터 제공처의 API Application Programming Interface 또는 연계를 통해서 합법적으로 수집해야 한다. 또한 데이터는 제공처에 데이터 사용에 대한 승인을 득해야 하며 이는 묵시적, 암묵적이 아니라 명시적으로 이루어져야 한다. 활용되는 모든 데이터를 법률적으로 투명하고 깨끗하게 활용하겠다는 합법적 데이터 마인드를 가져야 할 것이다.

셋째, 데이터에 대한 다차원적인 분석 기반은 다음과 같은 사전 작업이 이루어져야 한다.

① 구조성 : 보유하거나 수집하려고 하는 데이터의 구조를 파악하라.

② 독창성 : 도메인에 맞는 데이터를 수집하고 가공, 정제하라.

③ 융합성 : 다양한 원천 데이터 및 형태를 융합하라.

④ 품질성 : 양질의 데이터를 확보하라.

⑤ 유연성 : 기업 구성원 누구나 쉽게 활용 가능하게 하라.

⑥ 보안성 : 데이터는 혈액과 같이 소중한 자산이다. 어떻게 지킬 것인
   지를 생각하라.

⑦ 거버넌스 : 데이터에 기반한 거버넌스를 확립하라.

넷째, 경제는 객체와 객체가 밀접하고 빠르게 연결된다는 전제 하에 시작된다. 그렇기 때문에 변화는 늘 예상치 않는 것에서 시작되기 마련이다. 미래는 아직 오지 않았지만 현재에 기초하기 마련이다.

4차 산업혁명으로 인한 산업 및 직업의 변화와 아울러 저출산, 노령 인구로 인한 사회 구조의 변화, 금융 시스템의 변화 등 다양한 변수가 빠른 충격으로 다가오고 있다. 국내 모든 분야에서 이러한 대비의 일환으로 빅데이터 프로젝트를 진행하고 있다. 하지만 데이터를 담을 수 있는 거대한 기술적 플랫폼은 만들어낸 반면, 정작 거기에 담을 수 있는 소중한 데이터가 열악한 것이 현실이다.

전략적 측면과 기술적 측면에서의 데이터 확보에 더해, 이를 적용할 수 있는 파괴적 혁신을 이끄는 다양한 서비스를 발굴하는 것이 데이터 경제 시대를 준비하기 위한 가장 우선적인 작업이라고 할 수 있을 것이다.

생활의 변화

4차 산업혁명 기술 발전으로 인해 우리 생활이 어떻게 변화할지 상상해보려 한다. 20년 정도 뒤의 미래로 가보자.

2040년 서울 강동구의 한 중학교에 다니는 이미래라는 학생이 있다. 이 학생은 여느 중학생처럼 호기심도 많고 과학에 흥미가 있었기 때문에 과학 기술로 바뀌는 미래에 대한 궁금증이 누구보다 많은 학생이다. 갑자기 인천 월미도에 놀러 가고 싶은 생각이 들었다. 월미도에 가면 차이나타운도 있고 바다도 볼 수 있고 놀이공원도 있으니 좋을 것 같았다.

혼자 먼 거리를 다녔던 경험은 없지만 용기 내서 엄마의 허락을 받은 이미래 학생은 스마트폰 앱으로 자율주행 자동차를 불렀다. 목적지와 시간을 말하니 잠시 후 차가 도착했다. 자율주행 자동차는 내가 필요할 때 호출하면 원하는 곳으로 손쉽게 갈 수 있고, 차 안에서 게임을 하거나 영화도 볼 수 있으니 종종 이용한다. 가끔 자율주행 드론 택시를 이용하기도 하지만 요금이 비싸고 너무 빨리 가기 때문에 게임도 할 수 없어 선호하지는 않는다.

자율주행 자동차가 도착하니 얼굴을 인식하고 문이 열린다. 자동차에 올라타자 '막히지 않는 최적의 도로'를 선택할 것인지, 아니면 '경치를 감상하면서 갈 수 있는 도로'를 선택할 것인지 묻는다. 이미래 학생은 소통이 원활한 코스로 가겠다고 했다. 이제부터 게임을 하며 인천 월미 도로 향한다. 차에서 하는 게임은 혼합 현실인데, 화성 탐험과 우주공간 체험을 함께 즐기는 게임이다.

화성에도 가고 싶지만(일단 일론 머스크의 말을 믿고 보자) 여행 비용이 매우 비싸서 부모님께는 얘기도 못 꺼내고 있다. 그래도 게임 속 혼합 현실 기술을 통해 실제 현실과 가상의 현실이 혼합된 체험을 하니 내가 실제로 화성에 간 것 같은 느낌이 든다. 사람이 운전을 하면 불법이기 때문에 도로에는 자율주행 자동차만 다닐 수 있다. 덕분에 사고로 인한 정체가 없으며 중간 중간 교통 혼잡이 일어나긴 하지만 차가 알아서 막히는 경로를 피해간다.

어느덧 인천 월미도에 도착했다. 얼굴 인식을 통해 비용은 부모님께 자동 청구되어 현금을 가지고 다닐 필요가 없다. 시원한 바닷바람이 이미래 학생을 맞아 준다. 오랜만에 바다를 보니 무척 기분이 좋다. 월미도 풍경을 뒤로 하고 차이나타운으로 걷는다. 차이나타운에서 개화기 근대 역사를 담고 있는 일본 조계지와 그 시대의 거리 및 일본식 가옥들을 둘러본다. 스마트 글라스를 착용하고 차이나타운을 거닐면서 거리 풍경을 모두 녹화할 수 있다. 맛집도 알려 주니 고민할 필요가 없다. 맛있는 자장면 한 그릇과 여러 볼거리로 인해 즐거운 시간을 보낼 수 있었다. 해가 기운다. 차이나타운에서 바라본 월미도의 노을이 멋지다.

올 때와 같이 스마트폰으로 차를 호출한다. 어느새 차가 도착하자 아쉬운 마음을 뒤로 한 채 집으로 돌아온다. 짧은 월미도 여행에서 이미래 학생은 '기술로 세상을 편리하고 이롭게 만들 수 있다'는 생각을 했다. 그리고 이 생각은 '인공지능 등 기술을 연구하는 과학자의 꿈'으로 이어졌다.

이미래 학생에게 편리한 세상을 경험토록 해준 기술들을 정리해 보면 다음과 같다.

① 스마트폰 기반 음성 인식 등 소프트웨어 및 정보 통신 기술

② 자율주행 자동차를 가능하게 해주는 빅데이터와 인공지능 기술

③ 최적의 경로를 찾고 이동하게 해주는 각종 사물인터넷 기술

④ 맛집 등 곳곳의 정보를 실시간으로 알려주는 스마트 글라스 기술

⑤ 영화나 게임을 가능하게 해주는 혼합 현실 및 클라우드 기술

이러한 기술을 중심으로 우리 삶은 다양한 분야의 변화를 수반한다. 자율주행 자동차의 예를 들어 보겠다.

자율주행 자동차는 '원하는 목적지를 입력하면 그 목적지에 대한 최적의 경로를 찾아 인간 행동의 개입 없이 스스로 조작하여 원하는 목적지로 이동하는 일종의 스스로 움직이는 미래형 자동차'를 말한다. 미국 도로교통안전국은 자율주행 자동차를 자율주행의 정도에 따라 다섯 단계로 구분하고 있다.

자율주행 단계 중 가장 초보 단계인 레벨 0은 운전자가 직접 주행에 필요한 조작을 하는 단계를 의미한다. 이 단계는 우리가 알고 있는 자동

미국 자동차공학회(SAE)의 자율주행 단계

		내용	관련 주요 첨단 사양 및 시스템	해당 주요 업체 (추정)
0단계	자동화 없음	운전자가 차량을 완전히 제어해야만 하는 단계	–	
1단계	운전자 보조	조향, 가감속 등을 자동화해 운전자가 도움 받는 수준	정속 주행장치 (ACC)	–
2단계	부분 자율주행	고속도로 주행 시 차량·차선 인식, 앞차와 간격 유지 가능, 운전자가 주변상황 주시	스마트 크루즈 컨트롤(ASCC), 조향 조향보조 시스템(LKAS) 등을 결합한 형태	바이두
3단계	조건적 자율주행	일정구간 자율주행 가능, 운전자가 주변상황 주시해 돌발상황 대비	첨단운전자보조 시스템(ADAS)	테슬라, GM, BMW, 포드, 폭스바겐, 볼보
4단계	고도화된 자율주행	특정 도로조건에서 모든 안전 제어 가능	라이다(Lidar) 시스템	현대차, 벤츠, 도요타
5단계	완전 자율주행	운전자 개입 없이 목적지까지 주차 등 모든 기능이 완전 자동화된 단계. 운전자 없어도 됨	커넥티드 시스템	구글, 애플 (특정 구간만 성공)

미국 도로교통안전국의 자율주행 단계

구분	운행 및 제어	명명	사례
레벨 0	주행에 필요한 모든 조작을 운전자가 직접하는 단계(수동조작)	No Automation	–
레벨 1	자동차가 한 가지 이상의 운행 자동화	Function-Specific Automation	ABS 기능
레벨 2	두 가지 이상의 운행 자동화 기능이 결합	Combined-Function Automation	GM 슈퍼크루즈
레벨 3	특정 조건의 도로에서 차량이 기능을 스스로 제어(운전자 탑승)	Combined Automation	구글 자율주행
레벨 4	모든 기능을 차량이 스스로 제어 (운전자가 탑승하지 않은 상태 포함)	Full Automation	완전 자율주행

차의 조작과 동일하다. 레벨 1은 운행에 필요한 자동화 기술이 한 가지 이상 적용된 단계를 의미하며, 레벨 2는 두 가지 이상의 운행 자동화 기능이 적용된 것을 의미한다. 레벨 3은 특정 조건의 도로에서 차량 기능이 스스로 제어되는 것을 의미하지만, 이 단계에서도 운전자의 개입은 필수적이다.

하지만 레벨 4는 차량의 모든 기능을 스스로 제어하여 운전자가 탑승하지 않은 상태를 포함하고 있다. 이 단계가 되면 진정한 자율주행이라고 할 수 있다. 레벨 4는 이미 기술적으로는 완성도가 100% 가깝게 만들어져 있지만 교통 상황이나 도로교통법이 아직 제정되지 않은 상태라 법규 제정이 필요한 단계라고 할 수 있다. 이러한 단계에선 단순히 교통수단의 변화만 있는 것이 아니라 다양한 분야의 변화를 함께 가져오는 파괴적 혁신이 올 것이라고 본다.

첫째, 교통 법규 및 법령의 변화다. 유인과 무인 자동차 중 어느 것을 우선으로 할 것인가? 두 가지 자동차 중 우선이 되는 자동차가 도로를 점령할 것이며 법규는 우선시되는 자동차를 중심으로 바뀔 것이다. 도로의 교통 흐름을 조작하고 원활하게 해주며 불법 운전을 한 사람들에 대해서 범칙금을 부과하는 교통경찰과 보험사 손해사정인이 필요 없어질 수도 있다.

자율주행으로 움직이는 모든 자동차의 사고 및 고장은 자동차를 제조한 제조사가 제조물책임법에 의거해 책임을 져야 하는 상황이 될 수 있다. 제조물책임(일명 PL법)이란 제품 안정성의 문제로 인하여 소비자가 피해를 입을 경우 제조자가 부담해야 할 손해배상 책임을 말한다. 따라서 자동차 정비 및 수리, 사고와 같은 기계적 결함에 대해서는 보험사 또는 제조사가 책임져야 할 수 있다.

둘째, 기존 완성 차 산업이 타격을 받을 것이다. 전기 자동차에 소프트웨어를 추가하게 되면 자율주행 자동차가 된다. 전기 자동차의 동력원은 전기 배터리와 모터이기 때문에 부품 수가 기존 내연기관 자동차의 1/10 이하로 줄게 된다. 이러한 구조는 차량의 견고성을 더욱 높여 자동차 정비업의 붕괴 또한 가속화할 것이다.

그리고 자율주행 자동차는 플랫폼 기업과 연합하여 이동 수단을 넘어 기존 운송 수단의 논리적인 혁신과 함께 성장할 것이다. 공유 경제 확산을 통해 우버와 같은 기업이 성장할 것이며 자동차는 소유하는 것이 아니라 필요할 때 빌려 사용하는 것이라는 개념으로 바뀔 것이다. 기존 운송 수단인 택시, 버스와 같은 운송 산업의 종말과 아울러 구독 경제로의 전환이 이루어질 것이다.

셋째, 기존 자동차 산업은 제조 위주의 산업 구조를 동반하고 있다. 하지만 자율주행 자동차가 등장하면 종래의 자동차 산업 구조가 재편될 것이다. 자동차 산업 이익의 대부분을 영화, 게임 등 콘텐츠 산업이 가져갈 것이고 소프트웨어의 비중도 더욱 올라갈 것이기 때문이다. 단순 제조의 경우 1% 내외의 이익만을 가져가게 되며 새로운 경쟁사의 출현으로 경쟁은 더욱 치열해질 전망이다.

넷째, 화석 연료인 석유 중심에서 전기 중심으로의 이전이 가속화할 것이다. 주유소는 송전과 배전을 담당하는 전기 충전소로 대체되며 정유 산업의 쇠퇴가 불가피할 것이다. 지금도 도로 곳곳에서 기존 자동차가 전기차로 빠르게 바뀌고 있는 것을 쉽게 볼 수 있을 것이다.

다섯째, 자동차 산업은 구독 및 공유 경제의 근간이 될 것이다. TV, 냉장고, 세탁기 등은 우리가 거의 매일 사용하고 있고 효율 면에서 비용 대비 효과가 뚜렷하다는 것을 알 수 있다. 하지만 자동차는 구입하고 나면 그 가치가 급격히 떨어지며 출퇴근 또는 휴가, 주말 일부 시간대를 제외하고는 대부분 주차장에 세워져 있기 마련이다. 사용률이 약 5~10% 내외라는 것을 알 수 있다. 사용률은 효율과도 같아 구입보다는 필요할 때 사용하는 것이 경제적일 것이다. 이러한 이유 때문에 소프트웨어를 기반으로 하는 구독 경제 중심의 플랫폼으로 옮겨 가게 되는 것이다.

여섯째, 제3의 새로운 산업이 융합되어 발전하게 된다. 자율주행 자동차는 이동할 때 자동차 안에서 다양한 콘텐츠를 경험하게 되므로 다품종 소량생산이 가능한 주문형 구조로 바뀌게 될 것이다. 특정 용도에 맞는 다양한 자동차 구조가 등장할 것이고 이에 따른 소재 기술과 함께 디자인 측면에서도 많은 혁신을 동반할 것이다. 새로운 산업은 지금도 만들어지고 있는 중이며 또 다른 기술들을 접목하여 발전할 것이다.

일곱째, 도시 인프라의 대폭적인 개편이 일어나게 된다. 필요한 사람만 사용하게 되는 구독 및 공유 경제의 흐름 속에서 도로 공간에 한층 여유가 생길 것이며 교통 사고 또한 획기적으로 줄 것이다. 도로의 구조, 차선, 가로등, 신호 체계 등도 사람이 아닌 자동차 위주로 바뀌게 될 것이다.

아홉째, 윤리 문제와 함께 법률의 대개정이 일어난다. 예를 들어 차량

탑승자가 4명이고 그 앞을 지나는 도로 보행자는 10명인데 도로 주행 환경 및 결함, 기타 외부적인 문제로 인해 사고가 날 수 밖에 없는 경우라면 과연 자율주행 자동차의 인공지능은 어떤 선택을 해야 할까. 법률적이면서 동시에 윤리적인 문제에도 깊은 고민을 해야 할 것이다.

자동차 산업은 인류의 발전과 함께 우리 생활을 근본적으로 바꾼 문명의 근간이다. 이러한 자동차 산업은 인간을 행복하게 해주는 가장 중심적인 역할도 했지만 사고로 인한 크나큰 불행도 함께 가져다 주었다. 빅데이터와 인공지능, 자율주행 기술이 함께 발전하여 이루어 낸 자율주행 자동차. 이 놀라운 기술이 바꾸는 새로운 세상이 더욱 더 궁금해진다.

기술에 종속되는 우리의 모습

레이 커즈와일은 "인공지능은 두려워할 필요가 없으며, 인간의 한계를 더욱 넓혀 줄 것"이라고 했다. 또한 미래학자 토머스 프레이는 "지금까지의 모든 인류 역사보다 앞으로 다가올 20년간 더 많은 변화를 보게 될 것"이라고 했다.

인공지능과 플랫폼의 소유 여부에 따라 사회 구성원의 양극화가 더욱 심화될 것이다. 서울대 유기준 교수팀은 상위 0.001%의 인구가 부와 권력을 독점한다고 했으며 99%의 인구는 단순 노동과 기본 소득으로 연명할 것이라는 충격적인 자료를 내놓았다. 변화로 인한 충격의 무게를 단순하게 표시한 것이지만 그 파급 효과가 매우 큰 결과를 초래할 것이

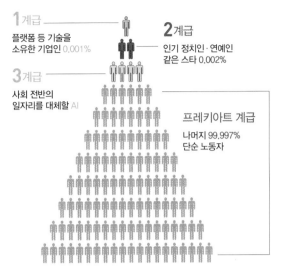

1계급 ─────
플랫폼 등 기술을
소유한 기업인 0.001%

2계급
인기 정치인·연예인
같은 스타 0.002%

3계급 ─────
사회 전반의
일자리를 대체할 AI

프레키아트 계급
나머지 99.997%
단순 노동자

2090년 미래 계급 전망
출처 : 서울대 유기준 교수팀

라는 사실을 암시하는 것이기도 하다.

유기준 교수팀의 '2090년 미래 계급 전망'을 보면 1계급은 플랫폼 등
의 기술을 소유한 기업인으로, 지금 있는 기업을 생각한다면 구글이나
아마존, 테슬라 정도가 될 것이다. 여기서 놀라운 점은 4계급의 인구, 즉
99.997%의 프레키아트 계급(단순 노동자)이 아닌 3계급(인공지능)이 사회
전반의 일자리를 대체한다는 것이다.

기본 소득은 인간에게 여유를 제공하고 삶을 행복하게 하는 수단이
될 수도 있지만 국가 및 사회의 구성원으로서 다양한 역할과 목소리를
낼 수 없는 상황이 될 수도 있을 것이다. 충격적으로 다가오는 인공지능

의 미래를 살아가기 위해서는 우리도 바뀌어야 하지 않을까 생각한다. 변화 속에서 우리가 지녀야 할 것들은 무엇이 있을까.

① 상상력 : 경험하지 않은 현상이나 사물을 머릿속에 그려 보는 능력

② 존중 : 상대방을 높여 중하게 여기는 것

③ 배려 : 여러 가지로 마음을 써서 보살피고 도와주는 것

④ 소통 : 뜻이 서로 통하여 오해가 없는 것

⑤ 개선 : 삶을 개선하고 올바른 방향으로 나아가려는 의지

⑥ 학습과 연구 : 끊임없이 공부하고 학습하는 자세

이와 같은 자세를 통해 인공지능이 흉내 낼 수 없는 가장 높은 단계로 발전할 수 있지 않을까 생각한다. 구글과 같은 혁신 기업들 역시 '소통하고 배려하는 인재'를 선호한다고 한다.

문화의 변화

20년 전 드라마를 보면 억양, 표현, 의상, 대화 주제 등에서 낯설다는 느낌을 받게 된다. 그 중에서도 언어는 특히 낯설고 이상하기까지 해 웃음이 절로 난다. 오랜 시간이 지나지 않았는데도 억양, 말투에서 지금과는 많은 차이가 있다. 우리가 만약 조선 시대로 돌아간다면 과연 선조들과 의사 소통을 할 수 있을까? 아마 고려 시대, 삼국 시대까지 간다면 의사 소통은 거의 불가능할 것이다. 중국어와 같은 성조도 있었을 것이고 제대로 된 문자가 없었으니 표현 방식에 큰 차이가 있었을 것이다.

문화는 정체되지 않고 오랜 세월 지속적으로 진화하고 변화한다. 문화란 사회를 이루는 각 구성원들에 의해 공유되는 공동의 생활 양식을 뜻하는 것이다. 좁은 의미에선 편리하고 지적이며 발전된 생활을 문화라고도 한다. 문화를 구성하는 요소에는 언어, 관념, 관습, 규범, 기술, 제도 등 다양한 요소가 있으며 이러한 것들은 인간만의 고유한 능력이기도 하다.

지하철을 타면 늘 느끼는 것이 있다. 불과 몇 년 전까지만 하더라도 신문 또는 책을 보는 사람들이 많았지만 지금은 모든 사람들이 스마트폰을 본다. 통신 수단으로서의 전화기가 이제는 스마트폰으로 재탄생해 우리 삶을 송두리째 바꾸고 있다.

이제는 문화가 기술에 종속되고 그 기술이 문화를 재창조하는 새로운 개념의 사회로 진입하고 있다. 미래 사회는 각 국가마다 기술로서 문화의 레벨이 정해지고 고착화 과정을 거쳐 영원히 뛰어넘을 수 없는 장벽 역할을 할 것이다. 기술로 만들어지는 문화의 종속화는 더욱 심화될 것이라는 데 대해 누구도 부정하지 않는다.

4차 산업혁명의 핵심 기술들은 단순히 기업 또는 국가의 역량을 나타내는 척도가 아니다. 국가 간 장벽을 더욱 공고히 하는 요소로 지속적이고 광의적으로 발전할 것이다. 혁신적인 기업이 특정 국가보다 더 큰 절대적 파워를 가질 수도 있으며, 이는 새로운 기술 발전으로 인해 문화 수준을 높여 나가는 허브로서 기능도 수행할 것으로 보인다.

앞으로 펼쳐질 새로운 세상에선 인간이 기계와 경쟁해야 할 것이다. 여기서 기계는 인공지능으로 움직이는 시스템을 의미한다. 혹자는 "인공지능은 인간을 뛰어넘을 수 없을 것"이라고 이야기한다. 하지만 나는 인간이 인공지능을 능가할 수 없을 것이라고 단언한다. 과거 자동차가 처음 나왔을 때 인간은 자동차보다 빠르게 뛸 수 있었다. 하지만 지금 자동차와 달리기를 한다면 이길 수 있겠는가? 인공지능도 이와 같을 것이다.

지금의 인공지능이 향후 어떤 인공지능으로 발전해 나갈지 아무도 모

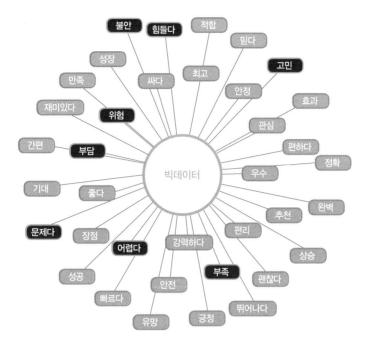

키워드 연관 분석 '빅데이터'

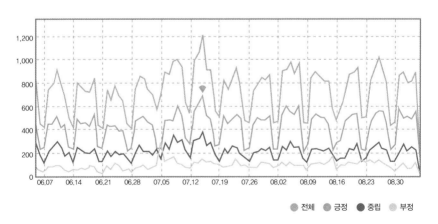

빅데이터 기술을 바라보는 빅데이터 감성 분석

른다. 지금의 인공지능은 인간의 나이로 약 3~5세 정도 수준이다. 하지만 이 아이의 성장은 무척 빠르다. 데이터 생성 주기와 빅데이터 기술이 아이의 영양분 역할을 하고 있기 때문이다.

이 아이가 학습을 통해 점점 성장해 나가면 어떻게 될까? 아주 말 잘 듣고 착한 어린 시절을 지나 사춘기를 겪으며 자아와 인격이 형성돼 훌륭한 어른으로 자라야 할 것이다. 그러나 아직은 누구도 이 아이가 어떻게 커 나갈지 모른다.

혹여 나쁜 방향으로 자라도록 나쁜 데이터를 통해 학습시킨다면 이 아이는 누구도 통제하지 못하게 될 것이다. 아이들도 좋은 부모를 만나서 사랑 받고 양질의 교육을 통해 올바른 사회 구성원이 되는 것이다.

이는 인공지능 확장의 법칙, 즉 't = p(e)'를 의미한다(t = task, p = performance, e = experience). 이를 통해 인공지능의 능력은 무한대로 커질 수 있다. 강한 인공지능과 약한 인공지능으로 구분할 수 있기는 하지만, 우리가 바라는 아주 착하면서 오로지 인간만을 위한 이성적인 인공지능이 출현할 것이라고 믿는다.

기술과 문화

4차 산업혁명을 이루는 인공지능, 빅데이터, 클라우드, 사물 인터넷 등의 기술은 우리가 과거 폰 노이만의 컴퓨팅 방식에서 비롯된 연산 중심 기술에서 생명체가 특정 활동을 할 수 있도록 지시를 내리거나 방향을 제시해 주는 생각의 영역으로 진보하고 있다. 생각을 가능하게 하는

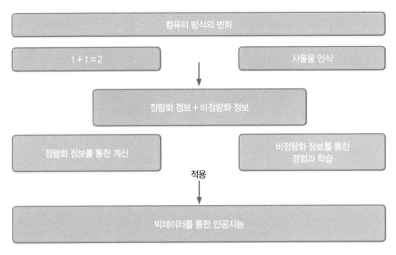

연산과 사고: 컴퓨팅 방식의 변화

'Thinking' 영역을 인간의 생각과 유사하게 작동되도록 하는 기술이 4차 산업혁명을 이끌고 있다.

단순히 혁신적인 기술을 통해 인간의 노동력을 대체하는 것이 아니라 인간의 생각으로 움직이는 기계를 만드는 기술이 그 중심에 있는 것이다. 인류 최초의 컴퓨터인 에니악ENIAC은 단순히 계산 기능만을 수행했지만, 지금의 컴퓨터는 사물을 구분하고 피아를 식별하여 '먹이를 주는 것인지 잡으려고 하는 것인지' 인지할 수 있는 닭의 뇌 수준까지 발전하였다. 여기선 닭의 뇌를 비유해 설명했지만 이렇게 '생각의 기술'을 접목하면 우리 삶과 세상이 상상 이상으로 발전할 것임에 틀림 없다.

인간을 편리하게 해주고 더 나아가 행복하게 해주는 기술이 새로운 문화를 만들어 갈 원천이며, 지금부터의 문화는 인간 중심이 아닌 기술

렘브란트의 그림과 인공지능 딥러닝을 통해 그린 렘브란트 풍 그림
출처 : https://nextrembrandt.com, http://deepdramgenerator.com

중심일 것이다. 이제까지 없었던 혁신적인 기술로 인해 우리의 삶 그리고 정치, 경제, 사회, 문화 등 다양한 분야가 바뀌고 있는 중이다.

물감을 담는 튜브의 발명으로 인류의 그림은 실내가 아닌 찬란한 햇빛이 비치는 실외로 나왔고 햇빛과 맑은 하늘을 보며 그들이 그린 그림은 다양한 색깔과 농도로 더욱 발전할 수 있었다. 우리가 단순하게 바라보는 시각적 사물은 사물 그 자체가 아닐 수 있다. 뇌가 시각적으로 바라본 하나의 객체는 뇌만의 방식으로 이해되기 때문이다.

기술도 마찬가지이다. 인공 신경망이라는 기술을 통해 마치 인간의 경우처럼 경험이 학습으로 누적된다. 이렇게 바라보는 객체는 수많은 사람들이 동일한 것으로 인식하지는 않는다. 객관적인 팩트는 빅데이터다. 이러한 빅데이터를 통해 만들어지는 새로운 세상은 우리를 객관적이고 냉정하게 바라볼 수 있도록 한다.

눈으로 바라본 사물과 뇌에서 인식한 사물은 많은 차이가 있다. 이러한 차이점 때문에 우리는 향후 빅데이터 기반의 인공지능 기술이 발전

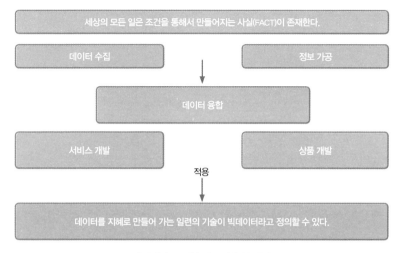

세상의 모든 일은 조건을 통해서 만들어지는 사실(FACT)이 존재한다.

데이터 수집   정보 가공

데이터 융합

서비스 개발   상품 개발

적용

데이터를 지혜로 만들어 가는 일련의 기술이 빅데이터라고 정의할 수 있다.

빅데이터를 통한 정보의 융합 절차

하면서 만들어지는 모든 결과물, 즉 인공지능이 창작한 결과물에 대한 소유권과 함께, '예술 작품' 또는 '지적 노동'으로 인정해야만 할 것이다.

기술은 인류의 삶 그리고 문화 자체이다

인간 게놈 프로젝트는 1990년에 시작하여 2003년까지 13년 동안 인간이 가진 32억 개 뉴클레오타이드 염기쌍의 서열을 밝히는 것을 목표로 한 거대한 프로젝트였다. 이 프로젝트로 인간 유전자 지도를 완성해 부모로부터 물려 받은 유전자와 환경적인 요소를 고려, 약 1만 2,420개 질병의 원인을 규명하고 진단, 신약 개발, 개인별 맞춤 치료 등에 이용하려는 목적이었다

사실 유전자 분석은 우리에게는 친자 감별 등으로 잘 알려져 있기도 하고 범인을 찾기도 하는 등 다양한 부분에 활용되고 있다. 2003년에 완성된 게놈 프로젝트에는 약 13년 정도의 시간은 물론 3조 원 정도의 비용이 들었다고 한다. 그런데 이후 2007년에는 유전체 해독에 4년 정도가 걸렸고 1,000억 원 정도의 비용으로 줄었다. 현재는 유전체 해독에 소요되는 시간과 비용이 빅데이터 기술의 출현으로 인해 획기적으로 줄어 하루가 소요되고 100만 원 정도의 비용이 든다고 한다.

인류의 영원한 숙제는 죽음 그리고 질병으로부터의 해방이었다. 이러한 숙제를 해결 가능하게 만든 것은 빅데이터와 컴퓨팅 파워의 비약적인 발전이다.

4차 산업혁명의 중심이 되는 다양한 기술은 단순히 학문과 기술의 융합에 국한되지 않는다. 다양한 기술과 함께 발전되어 온 의학, 생물학, 물리학 등 기초 과학이 투명하게 결합된다면 먼 훗날 인류는 질병과 죽음으로부터 더 자유로워질 수 있을 것이다.

우리 삶의 질과 생활이 바뀌고 그것은 다시 문화라는 이름으로 새롭게 창조될 것이다. 문화는 크게 지역별(서양·동양, 각 국가 등)로 구분하기도 하며, 그리고 물질 문화, 제도 문화, 정신 문화 등으로 구분할 수도 있다.

물질 문화는 인류가 오랫동안 이룩한 기술을 중심으로 한 문화를 말하며 교통, 통신, 기계 등 다양한 기술을 포함한다. 정신 문화는 학문, 예술, 윤리 등을 말하는 것으로 아주 오랜 시간 동안 뿌리 깊게 형성된 문화라고 할 수 있다. 음식 문화, 생활 문화, 대중 문화 등이 일반적이다.

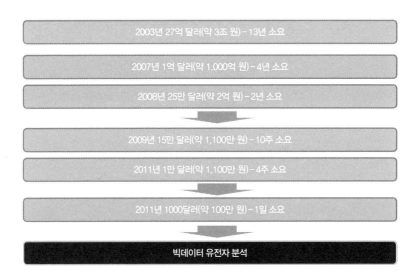

빅데이터 유전체 해독 비용 및 시간의 변화

기술 발전과 문화 태동의 영역은 이 책에서 표현할 수 없을 정도로 무한하다. 스마트폰에서 보여지는 정보는 단순 데이터다. 이러한 데이터를 어떻게 결합하고 우리 삶에 융합시키느냐에 따라 보다 긍정적으로 우리에게 큰 행복을 가져다 주는 마중물 역할을 할 수 있을 것이다.

2009년 8월, 나는 처음으로 아이폰을 접했다. 스위스 제네바에 위치한 세계경제포럼(다보스포럼)에 입사한 지 며칠 지나서였다. 당시 대부분의 사람들처럼, 나에게 아이폰의 첫 인상은 매우 충격적이었다. 제네바 중심가의 매장에서 아이폰을 구매한 후 인근 벤치에 앉아 시간 가는 줄도 모른 채 가지고 놀았던 기억이 아직도 생생하다.

애플 사에서 '스마트폰'이라는 새로운 기술 키워드로 아이폰을 출시한 이후, 마치 기다렸다는 듯 빅데이터, 인공지능, 클라우드 등 신기술들이 쏟아져 나왔다. 나는 이러한 변화를 보며 지금까지 우리가 접하지 못했던 새로운 세상이 열릴 것이라는 사실을 예견했다. 2016년 1월 다보스포럼 연례 회의에서 제시된 '4차 산업혁명'이라는 개념도 근본적으로 기술 발전이 가지고 오는 사회적 변화의 연장선에서 나왔다고 볼 수 있다

거대한 파도처럼 밀려오는 기술 발전과 변화 속에서, 과연 그 파두가 위험천만한 거대 쓰나미로 다가올 것인지 아니면 파고를

이용해 더 높이 올라갈 것인지 조급한 고민이 생길 수밖에 없는 상황이다.

다윈의 주장처럼 '변화에 적응할 수 있는 능력이 다른 종에 비해서 탁월했기 때문'에 인류가 지금껏 생존 가능했던 것이라면, 앞으로 펼쳐질 미래가 어떤 형태로 오던 우리는 생존이라는 차원에서 또다시 적응해낼 준비를 해야 할 것이다.

과거와 현재 그리고 미래라는 거대한 시간 흐름 속에서 '과학 기술이 우선일까 인문학이 우선일까', '앞으로 어떻게 살아가는 것이 올바른 것인가' 등에 대해 많은 생각을 하게 된다. 결국 과학 기술과 인문은 서로 떨어져 있는 것이 아니며, 이를 융합하는 것이 미래에 대한 가장 올바른 혜안이라고 생각한다.

또한, 과학 기술의 발전이 가져오는 변화 외에도 인구 구조 변화, 자연 환경의 무분별한 파괴 및 개발, 재난에 관련된 대비 및 예측의 어려움, 교육 시스템의 변화, 부의 양극화 등과 같은 근본적인 위기 또한 빠르게 우리에게 다가오고 있다.

이러한 위기와 함께 앞으로 펼쳐질 새로운 세상에선 인간이 기계와 경쟁해야 할 것이다. 여기서 기계는 인공지능으로 움직이는 시스템을 의미한다. 혹자는 "인공지능은 인간을 뛰어넘을 수 없을 것"이라고 이야기한다. 하지만 나는 인간이 인공지능을 능가할 수 없을 것이라고 단언한다. 과거 자동차가 처음 나왔을 때 인간은 자동차보다 빠르게 뛸 수 있었다. 하지만 지금 자동차와 달리기를 한다면 이길 수 있겠는가? 인공지능도 이와 같을 것이다.

◆ ◆ ◆

I first encountered an iPhone in August 2009. It was a few days after I had landed in Geneva to join the World Economic Forum (Davos Forum) as a fellow. Like many others at the time, my first impression of the iPhone was very shocking. I still remember sitting on a bench nearby with the new device and having fun with it for hours.

Soon after Apple introduced iPhone as a 'smartphone', a wave of new technologies like big-data, Artificial-Intelligence and cloud computing emerged into the market. It became clear that this generation would face world never been experienced before.

'The Fourth Industrial Revolution', which phrase was introduced during the Annual Meeting hosted by the World Economic Forum in 2016 in Davos, had come to life. You can say that this idea of a 'Fourth Industrial Revolution' surfaced from the brink of the enormous social change that had been brought by fundamental advancement in technology.

While there are hopes that this wave of rapid development in technology and change in society will carry us forward and upward, there is also a concern and a sense of urgency to consider whether this 'wave' could turn into a 'tsunami' unable for humanity to handle.

If, as Darwin suggests, humanity was able to survive until this day due to its superb ability to adapt to changing environments, then it seems that we will need to continue preparing and adapting for survival as our untold future unfolds.

In the enormous passage of time—the past, present, and future—I do come to wonder whether science and technology should take priority over humanities and it leads me to think about what is the right virtue and way of life in the future.

However, it can be said that science and technology and humanities are not mutually exclusive and, are in fact, inseparable aspects of life. As such, I think that the convergence of these disciplines is the true insight for the future.

Besides the advancement in science and technology, other significant trends and crisis such as change in population, climate change, increasing frequency and unpredictability of natural disasters and pandemics, wealth inequality will impact our societies in drastic ways.

In the coming new world, humans will have to compete with machines equipped with high level intelligence. Some still claim AI will never beat human, but I believe humans will not be able to beat AI. It's like how humans were able to run faster than the very first prototype automobile but now, will we humans be able to outrun an automobile? The same logic applies to AI.

CHAPTER **2**

산업

주집필자_ 김대일

세상을 살아가는 일은 끝없이 선택해 나가는 과정의 연속이다. 그 선택은 지금까지 우리가 겪었던 다양한 경험의 산물이다. 때로는 잘못된 선택으로 인하여 어려운 상황을 맞기도 하지만 의외의 좋은 결과 또는 생각했던 그 이상의 좋은 결과를 만들어 내기도 한다.

올바르게 선택했는지 아니면 경험에 의해서 무의식적으로 선택했는지를 떠나 수많은 선택이 하나의 결과를 만들어 나간다. 다른 시각으로 보면 우리는 결론부터 내려놓고 살아가는 것이라고 생각할 수도 있다.

산업적인 측면에서 보면 그 본질인 업은 18세기 산업혁명 이래 지속적으로 발전하여 왔다. 하지만 정보화를 거치고 융합의 시대인 4차 산업혁명 시대로 진입하면서, 우리는 다시 한 번 업의 본질에 대해 생각해 보는 디지털 전환의 시대로 빠르게 가고 있다. 디지털 전환은 정보기술을 통한 혁신만을 말하는 것이 아니다. 디지털의 사상적 특징은 속도 Speed, 정확 Accuracy, 융합 Fusion이다.

속도는 정보기술이 비약적으로 발전하며 산업 전반에 빠르게 적용되는 것을 의미한다. 과거 게놈 프로젝트는 의학과 생물학 그리고 정보기술의 발전으로 인해 잉태된 산물이다. 13년이라는 긴 시간과 막대한 비용으로 완성된 인간 게놈 프로젝트였지만 이제는 하루 정도면 저렴한 비용으로 손쉽게 유전체 분석을 할 수 있게 되었다.

정확이라는 측면에서 보자. 인공지능은 사고와 행동을 인간처럼 하고 이를 이성적 결과로 만들어낸다. 기술의 융합과 함께 논리학, 통계학, 수학을 기반으로 정확한 이성적 판단이 가능하게 하는 것이다. 이것은 사람의 말을 알아듣고 그를 바탕으로 사고하고 행동하는 기반이 된다. 사람이 전화를 걸었을 때 상대방이 기계임에도 불구하고 사람으로 착각할 정도로 고도화된 음성 인식 시스템 또한 그 산물이다.

물론 이러한 시스템을 만들기 위해서는 언어의 말뭉치, 데이터 마이닝, 학습할 수 있는 빅데이터, 그리고 인공 신경망 알고리즘 같은 다양한 분야가 융합되어야 한다. 이것은 시스템적 차원에서 정확성이 매우 중요한 부분이라고 할 수 있다. 디지털은 산업에서 혈관과 같은 중요한 역할을 하고 있다. 혈관을 통하여 혈액이 신체 곳곳으로 잘 돌면서 신체 모든 조직이 유기적으로 연결되어 올바르게 활동하게 되는 것이다. 여기서 혈액은 정보기술 측면에서 보면 '빅데이터'라 할 수 있을 것이다. 이러한 빅데이터를 중심으로 한 기술은 기존 산업뿐 아니라 현재의 산업도 모두 몰락시킬 수 있는 파괴적 속성을 가지고 있다.

미디어 산업에 대해 살펴보겠다. 동영상 플랫폼인 유튜브와 넷플릭스는 기존 미디어가 가지는 속성 상 3가지의 비즈니스 모델을 가지고 있다. 이러한 속성 상 3가지의 차이는 어디에서 나오는 것일까 생각해보자. 3가지의 비즈니스 모델은 모두 콘텐츠를 기반으로 하며 콘텐츠 중에서도 영상을 중심으로 하고 있다. 영상을 기반으로 하는 콘텐츠는 지금도 각각 경쟁하면서 새로운 비즈니스 모델과 함께 발전하고 있다.

기존의 미디어 산업인 방송 중심 영상 콘텐츠는 분야를 막론하고 제작비가 막대하게 드는 속성을 가지고 있다. 상품으로서의 질보다는 제작비라는 원가 경쟁력에서 이미 뒤처진 지 오래다. 스마트폰 및 정보기술 발전으로 이제는 누구나 영상 콘텐츠를 쉽게 만들 수 있고 인터넷을 통해 쉽게 공유할 수 있다. 유튜브와 넷플릭스는 이러한 '공유' 부분에서 각자 다른 비즈니스 모델을 가지고 진화했다. 하지만 유튜브와 넷플릭스도 과연 언제까지 비즈니스를 지속적으로 발전시킬 수 있을지 생각해 보아야 할 문제이다.

영상 콘텐츠의 제작과 공유 측면에서는 유튜브가 탁월하지만 이미 경쟁자가 하나 둘 씩 나타나고 있다. 넷플릭스는 제작 관점에서 기존 방송과 유사한 품질을 보유하고 있고, 이를 구독 경제의 측면에서 접근하고 있다. 향후 자율주행 자동차가 대중화되면 자동차 안에서 질 좋은 콘텐츠를 공급하기에는 넷플릭스가 훨씬 유리하지 않을까 생각한다.

또한 제작과 공유의 측면에서 광고료, 콘텐츠 사용료를 지불해야 하는 유튜브의 속성상 수익을 제작자에게 제공해야 하는 한계가 있다. 이에 비하면 넷플릭스가 훨씬 유리한 사업 구조를 가지고 있는 것으로 보여진다.

하지만 지금은 이들 둘만의 문제를 넘어 어디선가 새로운 경쟁 모델이 끊임없이 등장하고 있다. 이것이 다른 산업과 융합하며 발전한다면 기존 산업의 장벽을 허물기 충분한 새로운 서비스로 무장한 플랫폼 기업이 출현하게 될 것이다.

　기존 영상 콘텐츠 산업은 각각의 영역에 집중하는 측면이 있었다. 예를 들어 교육, 취미, 정치, 오락 등 다양한 분야에 특화된 콘텐츠를 기반으로 집중하는 중앙집권 방식의 비즈니스 모델이다. 그러나 이들은 모두 몰락하였고, 이후 대중적이면서 친근한 그리고 쉽게 창작자로서 역할을 수행할 수 있는 플랫폼으로 진화하였지만 산업의 융합이라는 측면에서는 아직 갈 길이 멀어 보인다.

　비즈니스를 바라보는 사고의 전환이 우선이며, 그 사고의 중심에서는 융합을 통한 새로운 발상의 전환이 더욱 필요하다.

교통의 변화

40여 년 전 할머니 손을 잡고 시골 장터에 간 일이 있었다. 겨울이라 무척 추웠고 발이 얼어서 제대로 걸어 다니기도 힘들었지만 할머니 손을 잡고 부지런히 30리 길을 걸었다. 지금 생각하면 어떻게 그 먼 길을 갔을까 아찔하기만 하다.

원하는 곳으로 빠르게 이동할 수 있게 해주는 교통은 인류 생활에서 매우 중요한 요소로, 우리의 삶과 깊은 관련이 있다. 세월이 흘러 지금은 자동차를 타고 먼 거리도 부담 없이 다닐 수 있는 시대가 되었다. 또한 화석원료에서 전기로 변화하는 전환점에 있으며, 이러한 변화는 거스를 수 없는 흐름으로 받아들여지고 있다.

3만 개의 부품으로 움직이는 기존 내연 자동차의 1/10 수준인 3,000개 미만의 부품으로 돌아가는 전기 자동차는 소프트웨어만 탑재하면 사람이 운전대를 잡지도 않고도 이동할 수 있게 된다. 그리고 운송 수단에 프로펠러만 달면 하늘을 나는 드론처럼 원하는 곳에 갈 수 있으니 모빌리티 산업도 혁신의 시대로 가고 있다는 것을 체감할 수 있다.

더욱이 이러한 자동차 산업을 농업에 적용하면 자율주행 트랙터 등을 통해 농작물을 효율적으로 경작할 수 있게 될 것이다. 건설 산업에서는 자율주행 지게차, 포크레인 등으로 활용 가능할 것이며, 이 밖에도 다양한 영역에서 새로운 일을 할 수 있게 해줄 것이다.

하나의 기술이 잉태되어 발전해 보편화되고, 그것이 다른 분야에 적용되면서 새로운 혁신이 일어나는 지금의 환경이 어찌 보면 우리에게 좋은 기회다.

자동차의 탄생은 인류 삶에 큰 변화를 가져왔으며 지속적으로 진화하는 과정을 거치고 있다. 요즘 도로에서 전기 자동차가 자주 눈에 띈다. 사실 전기 자동차는 내연기관 자동차보다 역사적으로 먼저 탄생하였다. 그 효시는 전기 마차였다. 하지만 이 전기기관은 보편화되지 못하고 사장되었는데 그것은 '연료' 때문이었다. 1920년대 미국에서는 화석 연료가 싼 가격에 쏟아져 나오면서 전기를 생산하는 것보다 경제성이 좋았기에 대중화가 더욱 앞당겨졌다.

지금의 전기 자동차는 기술적으로 보면 그때의 자동차와 다르지 않다. 전기 자동차의 출현은 속도와 효율이 매우 중요한 요소를 차지하고 있는데, 내연기관의 경우 이러한 부분이 어느 정도 정해져 있다고 볼 수 있다. 하지만 전기 자동차의 효율은 소프트웨어 업그레이드를 통해 꾸준히 개선할 수 있기 때문에 내연기관보다 훨씬 더 좋아질 가능성이 크다.

약 3,000여 개 부품으로 조합되어 움직이는 전기 자동차는 소프트웨어와 기타 사물 인터넷 기반의 센싱 기술로 자율주행에 훨씬 가깝게 다가가고 있으며, 공유 경제와 맞물려 효율이 더욱 좋아지게 될 것이다. 다만 대중화라는 측면에서 내연기관보다는 새로운 형태의 기능을 포함하는 모습으로 보편화될 것이라고 예측된다.

전기 자동차의 3,000여 개 부품 중에서는 모터 기술과 축전지 기술이 가장 중심을 이루고 있다. 그리고 그 속에서 사용자 중심의 요구가 더욱 많아지게 되면서 대량생산을 하는 내연기관보다는 소비자 요구가 더욱 증대될 것이다. 뿐만 아니라 자동차를 생산하는 제조사 입장에선 내연기관에 비해 연구 개발 및 기술적 요소가 크지 않기 때문에 관련 산업이 더욱 치열해질 것으로 예상하고 있다.

그 외에도 자동차를 둘러싸고 있는 많은 유관 산업이 전기 자동차로 옮겨 가면서 정비업, 전기 관련 도시 인프라, 환경 측면에서 혁신적인 기술보다는 아이디어로 무장한 스타트업 기업이 손쉽게 진입할 수 있기 때문에 다품종 소량생산의 제조 체제로 급속하게 변할 것이다. 또한 소량의 부품으로 제조가 되기 때문에 제품 불량 역시 1/10 정도로 줄어들게 되어 보험 산업에서도 많은 변화가 있을 것이다.

지금의 전기 자동차는 미래 모빌리티 산업으로 가기 위한 중간 단계로 보인다. 관련 기술을 이용해 플랫폼 기업으로 진화하고 있는 테슬라 같은 혁신적인 기업의 역할이 더욱 중요해질 것이다.

전기 자동차와 자율주행 기술(빅데이터, 사물 인터넷, 5G통신망, 클라우드,

인공지능 등)이 융합하게 되면 단순한 운송 수단을 넘어 우리 삶의 커다란 축으로 자리잡을 것이다. 자율주행 기술을 가능하게 하는 것은 자동차 내의 라이다^{LIDAR}, GPS 등의 센서에서 나오는 빅데이터와 함께, 이를 통합적으로 관리하는 클라우드 기술, 통신망 그리고 이를 활용한 데이터 학습 등이다.

앞으로는 특정 지역의 각종 데이터와 결합할 수 있는 학습 정도에 따라서 자동차 가격이 결정될 것이다. 물론 멋진 외관 디자인과 훌륭한 음향 시스템 및 편리성도 자동차의 가격을 결정하는 중요한 요소지만, 자율주행에 필요한 학습 정도는 안전과도 밀접하게 연관되기 때문에 가장 중요한 요소로 작용하게 될 것이다.

자율주행 기능을 가능하게 하는 기술적 요소는 이미 완성되어 있다. 하지만 이를 도로에서 효과적으로 운행하기 위해서는 법률 체계, 교통 시스템 그리고 사고에 따른 윤리 문제 등 넘어야 할 산이 많다. 자동차 산업 초기, 마차와 자동차가 함께 도로를 다닐 때 기존 마차에 종사했던 수많은 사람들의 반발과 이를 입안하는 정책 관련자의 인식으로 인해 주도권이 독일에서 영국으로 넘어갔던 바 있다. 변화에 효과적으로 대응하고 관련 기술을 발전시킬 수 있는 인식 전환을 통해 자동차 산업을 바라봐야 하지 않을까 생각한다.

자율주행 기술의 확대가 농업이나 건설 분야를 넘어 국방, 소방, 재난 대응 등으로 이어진다면 국가의 새로운 부를 창출하는 중요한 영역으로 자리잡을 것이 자명하다. 우리의 삶에 가장 큰 영향을 미치는 부분은 아마도 통신, 교통 등이 아닐까 생각된다. 이러한 부분이 융합되면서 새로운 영역으로 발전하고, 그 영역에서 또다시 우리가 생각하지 못했던 크나큰 결과를 가져오는 것이 4차 산업혁명이다.

지금은 디지털 자본주의라는 새로운 경제 체제로 바뀌고 있는 과도기다. 인공지능을 통하여 인간의 개입이 서서히 줄어들게 되면서, 디지털 중심 기업에서 막대한 부의 창출이 이루어지기 때문에 새로운 경제 생태계를 필요로 하게 되는 것이다. 그 부분에서 '디지털세', '기본 소득' 등이 대두되고 있다.

이제 자율주행 기술의 융합적 측면을 살펴보자.

첫째, 자율주행 기술로 탄생할 새로운 경제 체제는 모빌리티의 공유 경제라고 할 수 있다. 이를 활용하게 되면 자동차를 구입하지 않고 필요할 때 호출해 사용하고 필요 없을 때 반납하는 형태의 공유 경제 실현이 앞당겨질 것이다. 우버의 시가 총액이 GM, 크라이슬러, 포드 등 글로벌 자동차 제조 3사의 총액을 넘어선 지 오래 되었다. 이는 공유 경제가 단순하게 모빌리티에 머물지 않고 다른 산업과 결합하여 새로운 산업으로 변화할 것이라는 사실을 암시한다.

둘째, 자율주행 기술이 항공 등으로 진화하고 있다. 자동차 윗부분에 프로펠러만 장착하면 하늘을 날 수 있게 되는 개념인데 원하는 위치로 찾아가는 기술인 LBS^{Location Based Service}, 원하는 물건을 주문하면 편하게 배송 받을 수 있는 택배 운송 기술, 응급 상황에서 환자에게 발생하는 많은 데이터를 분석하여 응급치료를 하고 병원으로 이송하는 응급 시스템, 대규모의 물류를 효율적으로 배송하여 인건비 및 물류 효율을 극대화 할 수 있는 공급망 관리 _{SCM, Supply Chain Management} 시스템 등 혁신의 영역에서 보면 끝없이 확장이 가능한 분야다.

셋째, 자율주행 기술에서 인간의 개입이 필요 없는 시스템을 통해 제조사의 역할 및 화재 보험사의 역할이 재구성될 것이다. 제조사 입장에선 제품 생산에 필요한 부분이 획기적으로 줄어드는 반면 제품에 대한 책임이 더욱 증대될 것이다. 이러한 부분 때문에 화재 보험사의 역할이 대폭 축소될 것이고 화재 보험사는 제조사에 포함되거나 사라질 것으로 예측된다.

자율주행은 융합 기술인 관계로 모든 부분을 제조사 한 곳에서 만들어낼 수 없다. 연결성이 없는 자율주행 기술은 전혀 쓸모 없다. 자율주행 기술의 중심에는 연결성이 있다. 센서, 클라우드, 소프트웨어가 유기적으로 연결되어야 완벽한 자율주행 기술이 완성된다. 사람의 개입이 필요 없어지는 정도에 따라서 자율주행 기술은 완성도가 높아지지만, 그 중심에는 반드시 연결성이 존재한다.

넷째, 퍼스널 모빌리티의 증가를 초래할 수 있다. 거리를 다니다 보면 작은 전동 스쿠터를 타는 사람들을 적지 않게 볼 수 있다. 적은 비용으로 가까운 곳에 갈 때는 전동 스쿠터 같은 퍼스널 모빌리티가 더욱 효율적이기 때문이다. 인력으로 움직이는 자전거 등에 모터를 달아서 편리하게 사용 가능한 운송 수단의 형태를 퍼스널 모빌리티라고 하는데, 이러한 서비스는 공유 경제에 힘입어 더욱 빨리 우리 곁에 다가오고 있다. 필요할 때 언제 어디서나 간편하게 낮은 비용으로 사용 가능하다는 것은 매우 매력적이다. 다만 크고 작은 사고 문제와 함께, 사용 후 길거리에 방치되면서 보행로 확보에도 많은 문제점을 야기하고 있다. 하지만 이러한 퍼스널 모빌리티는 활용성 측면에서 더욱 활성화될 것이 분명하다.

다섯째, 자율주행 기술 활성화를 위해선 도로 교통의 효율성 재고 및 법규, 신호 체계 등의 재정비가 필요하다. 자율주행 기술은 자동차 간 거리가 센싱 기술에 의존해 조정되기 때문에 약 수십 센티미터 이내로 붙어서 운행이 가능하다. 따라서 끼어들기, 좌·우회전, 유턴 등 다양한 교통 활동이 그에 맞는 형태로 바뀌어야 한다. 그렇지 않으면 사고율 감소와는 별개로 급제동 및 회전에 따라 그 안에 탑승하고 있는 사람이 극심한 공포 또는 불편을 겪게 되기 때문이다. 그리고 그에 따른 생물학적 신체 변화도 대비해야 할 것이다.

뿐만 아니라 자율주행 기술은 전기 동력원을 사용하기에 지금의 주유소와 같은 역할을 하는 송배전 시스템 및 전기 공급 체계 또한 확충 및 보급이 필요하다. 물론 기술 진보에 따라 도로를 주행하면서 자동적으로 전기를 충전하는 비접촉식 충전 방식으로 충전 효율을 높일 수도 있지만, 도로 인프라를 모두 바꿔야 하기 때문에 관련 산업 관계자가 함께 머리를 맞대고 고민해야 할 문제이기도 하다.

세상은 빠르게 변하고 있고 그 변화의 중심에 우리가 있다. 기술 발전으로 바뀌는 세상에 능동적으로 대응하는 민첩성이 그 어느 때보다 필요하다.

제조의 변화

오래 전 전기 분야의 자동제어를 접했다. 전기 자동제어는 큰 빌딩 사무실에서 온도와 습도를 미리 설정해 놓으면 자동으로 유지해줘 쾌적한 생활을 할 수 있도록 했다. 또한 엘리베이터와 에스컬레이터가 효율적으로 운행하도록 하고 방범 및 보안 기능도 함께 수행해 안전하고 편리한 생활을 가능하게 해 주었다.

이러한 자동제어 기술은 우리의 삶을 편리하게 해주는 기술로 점점 더 발전하고 있다. 그 뿐만 아니라 공장에서는 PLC^{Programmable Logic Controller}라는 컴퓨터로 생산 라인을 자동화함으로써 제품 생산의 획기적 이정표를 세우기도 하였다. 이러한 기술들이 모여 4차 산업혁명 시대의 인공지능 기술과 결합하여 인간 개입 없는 제조 혁신을 가져다 준다. 이렇듯 정보 기술의 혁신은 제조 산업에서도 지금까지 접하지 못했던 새로운 기회를 창출하고 있다.

하지만 제조업에서 '자동화'와 '스마트 팩토리'의 개념은 다르다. 스마트 팩토리는 ICT 기술을 접목하여 제품 기획에서부터 설계, 생산, 유통, 판매까지의 일련의 과정을 통합하여 고객이 요구하는 다양한 제품을 생산하는 제조 중심의 현장을 말하는 것이다. 하지만 자동화는 단순한 하나의 공정 및 특정 단위의 제조 업무를 로봇 또는 자동제어 시스템을 도입하여 생산 효율화를 꾀하는 것을 말한다. 물론 여기에 사물 인터넷이나 컴퓨터 설비를 도입하여 자동화하는 경우도 있지만 모두 협의의 단위 공정 또는 특정 단위를 의미한다.

4차 산업혁명 시대의 제조는 물건을 단순히 생산하는 차원을 넘어 인간 개입을 최소화하는 형태의 다양한 요소를 기반으로 발전하고 있다. 그것을 가능하게 하는 기술은 다음과 같다.

첫째, 초연결과 초지능화를 통하여 제조 설비 하나 하나가 모두 연결되는 스마트화가 이루어져야 한다. 스마트하다는 것은 연결성이 극대화된다는 것을 의미하며, 연결성이 극대화된다는 것은 지능화가 이루어진다는 것을 뜻한다. 그 지능화의 중심이 빅데이터라고 할 수 있다.

단순하게 제품만을 정해진 틀에서 생산하게 되면 제조 생산 라인의 고정화를 과감하게 유연한 형태로 바꾸어야 한다. 또한 제품과 그에 따른 서비스가 함께 융합되어 자연스럽게 서비스 중심으로 바뀌어야 한다. 이것이 가능하게 되면 낮은 가격에 질 좋은 제품을 생산할 수 있게 된다.

자동차 산업이 내연기관 중심의 대량 생산 체제에서 전기 자동차 중심으로 바뀌게 되면 그에 따른 다품종 소량생산, 사용자 요구에 맞는 맞춤형 시스템 제조 환경으로 바뀌게 되어 대폭적인 제조 설비의 재설계가 필요하게 된다.

둘째, 지구 온난화에 따른 환경 및 생태계 변화 때문에 제조사에 대한 환경 규제가 더욱 강해질 것이다. 그에 따른 대비책으로 제조 설비에 대한 에너지의 효율적 관리, 안전 사고에 대한 적극적인 대처, 원자재의 효율적인 사용을 가능하게 하는 것이 스마트 팩토리다. 스마트 팩토리는 단순히 '생산 무인화'만을 의미하는 것이 아니라, 기업 내에 존재하는 모든 업무 및 출하까지 포함하는 포괄적인 개념의 플랫폼을 의미하는 것이다.

셋째, 제조 산업에서의 최대 목표는 제조 원가 절감, 유연한 생산 시스템 그리고 자동화 및 품질 향상일 것이다. 이를 가능하게 하는 것은 데이터 수집, 저장, 처리 그리고 통신 기술인데 이러한 기술을 효율적으로 활용한다면 우리가 바라는 스마트 팩토리가 더욱 빨리 실현될 것이다.

하지만 아직까지 제조 현장과 빅데이터 및 인공지능 기술 간 갭이 매우 큰 것이 현실이다. 이러한 차이를 줄이기 위해 4차 산업혁명 시대에 맞는 다양한 기술 교육 시스템을 도입, 제조업 종사자들의 인식 전환이 이루어져야 할 것이다.

지금까지 제조업 기반 스마트 팩토리에 필요한 요소에 대해서 알아보았다. 불확실성으로 인한 리스크의 증가 그리고 고객의 빠른 취향 변화 등에 능동적으로 대처하려면 이러한 시스템의 도입은 필수불가결한 요소일 것이다. 4차 산업혁명 시대에 능동적으로 대처하기 위해선 제조를 단순한 제품 생산이 아닌 새로운 시대의 요구에 부응하는 중요 요소로 받아들이는 인식 전환이 필요하다.

다음은 제조 기반의 스마트 팩토리 구축 필요성에 대해서 설명해 보도록 하겠다.

첫째, 시대 변화에 따른 생산 방식의 변화가 필요하다. 우리나라는 1970년대가 고도 성장기였다. 고도 성장기에는 공급보다 수요가 훨씬 많았고, 이에 따른 생산량 위주로 모든 것이 설계, 실행되었다. 이것은 제품을 만들면 수요가 풍부했기 때문에 이익을 창출하기에 매우 적합한 사회적 구조였다.

하지만 고도 성장기를 지나고 경쟁이 치열해지는 저성장기에 진입하면서 수요보다는 공급이 더 많아졌다. 이러한 과잉 공급은 치열한 경쟁 속에서 제품의 질이 떨어지면 바로 도태되는 구조를 가져왔다. 고객의 다양한 요구에 맞는 다양한 기능을 추가해 품질을 높인 제품만이 살아남는 경쟁 구도 속에서 고도 성장기의 비즈니스 모델을 가지고는 더이상 살아남을 수 없게 되었다.

이러한 문제는 전통적인 대기업 위주의 산업 구조에서는 빠른 대응이 어렵다. 여기에 더해 각종 정보를 인터넷을 통해 손쉽게 접하는 고객의 수준이 높아져 더더욱 대응이 힘들어졌다. 결과적으로 기업 입장에서는 이익이 감소하고 기업 간 경쟁은 날로 치열해지는 상황을 맞게 된 것이다. 이러한 문제점을 해결하기 위해 제조 설비를 소비자의 요구에 맞춰 다품종 소량생산 체제로 변화시키고 날로 증가하는 인건비를 로봇 등으로 빠르게 전환해야 할 필요성이 대두되었다.

둘째, 단순히 제품을 생산하는 제조 단계에 머물러 있어 고객의 요구를 적극적으로 연구 개발에 반영하는 원천 데이터가 절대적으로 부족하

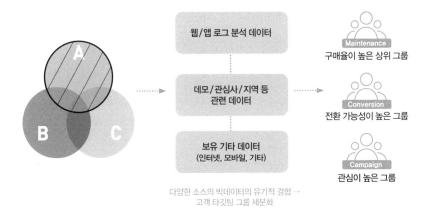

웹/앱 로그 분석 데이터

데모/관심사/지역 등
관련 데이터

보유 기타 데이터
(인터넷, 모바일, 기타)

Maintenance
구매율이 높은 상위 그룹

Conversion
전환 가능성이 높은 그룹

Campaign
관심이 높은 그룹

다양한 소스의 빅데이터의 유기적 결합 →
고객 타깃팅 그룹 세분화

데이터 수집을 통한 고객 분석의 예

였다. 고객 요구가 적극적으로 반영된 제품을 생산하기 위해서는 다양한 의견을 수집하고 저장하여 연구 개발에 반영하는 빅데이터 기반의 데이터 중심적 사고가 있어야 하는데 이러한 부분에서 매우 취약한 구조를 띠고 있었다.

하나의 제품이 개발되어 판매되기까지 시장 반응을 파악하지 않는다면 여전히 기존의 경험과 감에 의존할 수밖에 없다. 따라서 빅데이터 차원에서 고객 데이터를 수집하여 제품 개발에 필요한 연구 개발에 반영한다면 고객의 요구에 적절히 대응할 수 있을 것이다.

셋째, 적극적인 신기술 도입을 통한 생산 고도화가 필요하다. VR, AR, MR 등 가상 현실 기술을 활용한 생산 현장의 지능화를 모색해야 한다.

사이버 가상 현실 기술, 즉 가상 현실이라고 하는 VR 기술은 특정 환경이나 상황을 가상으로 만들어서 그것을 사용하는 사람이 실제 환경과 상호작용을 하는 것처럼 느끼게 하는 인간-컴퓨터 인터페이스를 말한다.

AR, 즉 증강 현실은 가상 현실에서 파생된 기술로 사용자가 눈으로 보는 현실 세계의 사물이나 인물 또는 배경에 가상 정보가 겹치게 보여 줌으로써 사용자에게 향상된 현실감을 부여하고 정보에 대한 몰입감을 높이는 기술을 말한다.

MR, 즉 융합 현실은 VR 기술의 단점인 '현실과의 단절'과 AR 기술의 단점인 '부족한 몰입감'을 보완하는 미래 융합형 기술이다. 아직 우리에게 가까이 있는 기술은 아니지만 별도의 특별한 기기 없이도 사용자가 원하는 위치에 홀로그램을 호출할 수 있다. 이 기술은 사용자의 행동에 반응하는 것으로, 기존 기술에 비해 훨씬 높은 몰입감을 제공한다.

지금까지 가상 현실 기술에 대해서 알아보았다. 제조 현장에서 이러한 기술을 적극적으로 사용한다면 지능화는 더욱 빨리질 것이다. 이러한 시스템을 통하여 가상 공간에서 실제감을 더욱 높이고 몰입할 수 있도록 하여 위험 공간 및 재난 발생시 효과적으로 대응하는 데 활용 가능하다. 또한, 디지털 트윈이라는 개념을 통하여 사물 인터넷을 활용한 가상 공간과 물리적 공간의 동기화를 이루기도 한다. 뿐만 아니라 제조 시스템의 기술과 연동하여 가상 공간 속에서 물리적 실제 상황을 동기화하여 제조 상태의 모니터링 동적 메커니즘 또한 실현이 가능하다.

넷째, 다품종 소량생산 중심 콘텐츠 비즈니스로의 전환이 시급하다고 할 수 있다. 제조업도 복사를 전문적으로 해주는 복사 전문점처럼 3D 설계도를 가지고 가면 제품을 출력하는 형태의 콘텐츠 비즈니스로 발전할 것이다. 과거 하나의 제품을 생산하기 위해서는 금형을 만들고 플라스틱 조각을 녹여 넣어서 사출 제품을 만들었다. 금형은 한 번 만들면 바꾸기 어렵고 제조 가격도 매우 높을 뿐더러 많은 기술적 요구가 필요한 영역이다.

지금까진 하나의 시제품을 만들기 위해 많은 시간과 비용이 발생하였는데, 이제는 3D 프린팅 기술 발전으로 손쉽게 만들 수 있게 되었다. 이제 제조업도 도면을 중심으로 한 콘텐츠의 한 영역으로 발전하고 있다. 플랫폼을 통해 여러 가지 3D 프린팅 도면을 게시하여 서비스한다면 설계에서부터 시제품을 만드는 것까지의 전 단계에서 많은 노력을 줄일 수 있게 될 것이다.

한 글로벌 기업의 경우는 자사가 보유하고 있는 특허의 일부를 개방하여 많은 사람들이 사용할 수 있도록 하는 기술의 플랫폼화를 진행하고 있다. 그 이유는 자사가 보유하고 있는 기술을 많은 기업들에게 제공하여 자사의 플랫폼 안으로 끌어들여 기술 생태계를 만들고 관련 업계를 리드하는 퍼스트 무버로서 자리를 공고히 하기 위함이다.

의료의 변화

우리는 2019년 말 코로나19라는 바이러스에 노출되어 현재까지도 많은 혼돈과 충격 속에 있다. '인간은 사회적 동물'이라는 커다란 테두리 안에서 이뤄져 온 삶이, 이제는 그 반대인 '언택트'라는 이름으로 송두리째 바뀌고 있는 것이다. 인간은 1만 2,420여 개의 질병에 노출되어 있고, 이러한 질병은 부모로부터 물려받은 유전자와 살아온 환경에 따라 개개인에게 각각 다른 모습으로 다가오곤 한다.

언택트 트렌드로 인해 의료 및 헬스케어 산업은 새로운 전기를 맞을 것으로 보인다. 〈네이처〉는 현재 가장 많은 데이터를 가지고 있는 유튜브가 앞으로 의료 또는 헬스케어에 그 자리를 양보해야 될 것으로 예측했다. 특히 헬스케어 데이터 중 80%는 인체에서 만들어진 비정형 데이터 중심으로 이루어져 있기 때문에 이러한 데이터를 잘 분석만 해도 인류 삶의 질은 훨씬 더 좋아질 것으로 생각된다.

헬스케어 산업에서는 다양한 기술과의 융합을 통해 생명 연구, 질병

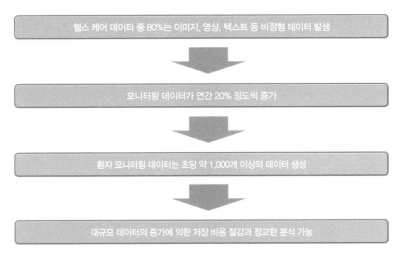

헬스 케어 데이터 중 80%는 이미지, 영상, 텍스트 등 비정형 데이터 발생

모니터링 데이터가 연간 20% 정도씩 증가

환자 모니터링 데이터는 초당 약 1,000개 이상의 데이터 생성

대규모 데이터의 증가에 의한 저장 비용 절감과 정교한 분석 가능

헬스케어 데이터의 증가

예방, 신약 연구, 유전체 해석 등 지금까지 인간의 능력으로 불가능하게 여겨졌던 영역에 대한 연구가 더욱 활발하게 이루어질 것이다.

한 사람이 태어나서 죽을 때까지 현재의 기술로 발생하는 데이터는 의료 약 0.5Tb, 유전체 10Tb 정도다. 물론 환경적인 요소의 데이터 또한 발생하겠지만 말이다. 특히 질병 측면에서 보면 유전적인 부분과 환경적인 부분으로 나누어지게 되는데, 유전적인 부분은 교정이 쉽지 않다(크리스퍼 가위 같은 유전자 가위를 사용하면 교정 가능하긴 하다). 하지만 환경적인 요인에 기인하는 질병은 교정할 수 있기 때문에, 단순히 웨어러블 디바이스 활용만으로도 획기적인 도움이 될 수 있다.

데이터 측면에서 검사는 질병에 대한 진단적 검사와 함께 예측적 검사로 나뉜다. 대상 질환, 즉 희귀 질환 및 유전성 질환의 진단이 가능해

유전자 데이터 정의를 오픈 소스 소프트웨어를 통해 처리한 시스템의 예

지며 예측적 검사를 통해서 만성 질환 및 당뇨, 암 진단까지 가능하게 된다.

특히 미국의 유명 여배우가 부모로부터 물려 받은 유전체 중 유방암을 발생시키는 유전자인 브라카 유전자를 가지고 있어 향후 유방암에 걸릴 위험을 제거하기 위해 선제적으로 제거 수술을 받은 사례가 있다. 이렇듯 진단적 검사와 예측적 검사라는 두 가지 방법을 통해 질환을 보게 되면 질병에 대한 효과적인 대응도 가능하게 되는 것이다.

이 부분은 공히 데이터 기반의 분석으로 가능하게 된다. 유전체를 분석하기 위해서는 상피 세포, 타액 또는 혈액을 필요로 하게 되는데 여기서 데이터를 추출하여 AVRO 라는 데이터 직렬화를 통해 해석 및 분석하여 질병을 찾아내게 된다.

유전체 분석에서는 유전자 알고리즘 솔버Solver의 혼합 정수 비선형 프로그래밍MINLP을 이용한다. 유전자 분석 시장은 로쉐Roche 또는 일루미나Illumina 같은 거대 기업이 전체 분석 시장의 대부분을 점유하고 있는 실정이다.

SNS 상에서 4개월 간 언급된 당뇨병에 대한 네트워크 키워드 분석을 보자. 의학, 법률 정보 등에 대해 일반적인 사람들이 언급했던 SNS 중심의 사회 연결망 데이터를 분석하게 되면 어떤 부분과 연결이 되는지, 어

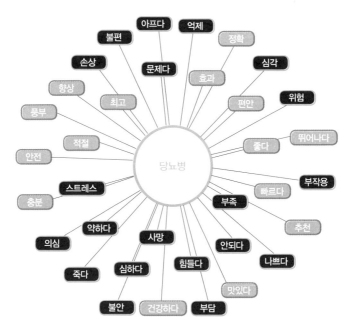

SNS에서 언급된 당뇨병에 대한 네트워크 분석

떤 약을 선호하는지 등을 알 수 있게 된다.

　빅데이터와 인공지능 기술로 인해 의료와 헬스케어 분야는 어떻게 변화할까?

　첫째, AR, VR, MR 기술을 활용한 의료 서비스의 고도화가 가능하다. 실제 수술실에서와 같은 형태의 가상 공간을 만들고 가상 무게감과 가상 인지감을 이용하여 실제 상황처럼 만들어 놓은 후 수술을 연습하거나 위급 상황에 대처하는 도구로 활용할 수 있다. 혼합 현실 기술을 적용하게 되면 현실과 같은 몰입감을 줄 수도 있고 수술에 참여하는 사람들 간 협업이 가능하기 때문이 각종 재활 치료, 인지 기능 치료, 심리 치료 등에도 적용할 수 있다.

현실적으로 고령자의 경우 운동 및 재활에 관련된 다양한 시스템이 필요한데도 불구하고 소외되어 있다. 혼합 현실 기술을 이용하면 특수한 하드웨어를 어렵게 사용할 필요 없이 홀로 렌즈 기술 기반의 글라스를 통해서 협업 운동 및 재활 치료가 가능하다. 혼합 현실 기술과 함께 빅데이터 기반의 모션 데이터로 인공지능을 활용한 가상 무게감 알고리즘을 통해서 효과적인 운동 기능을 수행하는 것이다.

이러한 다양한 기술을 통하게 되면 의료뿐 아니라 보건, 복지, 제조, 설비, 교육, 문화, 콘텐츠, 국방 등 다양한 분야에서 서비스 창출이 가능하다.

둘째, 최근 중국에서 에이즈에 걸리지 않는 맞춤형 아이가 태어난 사례가 있다. 에이즈에 걸리지 않는 아이라고 하니 얼마나 좋을까 하는 생각도 들었지만, 한편으로는 신의 영역을 건드린 건 아닌가 하는 생각에 커다란 충격으로 다가왔다. 유전자를 조작해 태어난 아이에게 당장은 큰 문제가 발생하지 않겠지만 향후 어떤 문제가 발생할지는 아무도 모른다. 이러한 문제는 윤리적, 법률적, 사회적 문제를 동반하고 있기 때문에 영향을 받는 영역이 실로 광범위하다고 할 수 있다.

이러한 맞춤형 아이가 태어나게 된 배경에는 크리스퍼 유전자 가위라는 기술이 있었다. 각종 질병을 일으키는 돌연변이가 존재하는 DNA 부분을 제거하고 연결하여 질병을 치료하는 기술이다. 이러한 기술을 활용하게 되면 인간의 지능, 질병, 운동 등 특화된 영역에서 기능을 최상으로 발휘하는 맞춤형 인간이 태어나는 것도 머지않아 가능할 것이다.

셋째, 웨어러블과 헬스케어의 융합으로 인해 내 몸의 상황을 내가 가장 잘 아는 시대가 도래하였다. 기능은 물론 디자인 면에서도 뛰어난 스마트 워치가 손목시계를 대체하고 있다. 이러한 스마트 워치를 전 국민 또는 의료 소외 계층이 사용하게 된다면 질병으로 인한 사회적 손실이 획기적으로 감소할 수 있을 것이다.

아침에 일어나서 밤에 잠들 때까지 얼마나 많은 활동을 하였고 어떠한 상황에 노출되었으며 먹은 음식 및 수분의 섭취량은 얼마인지 등 다양한 정보를 설정하여 저장하게 되면 신체의 각종 패턴 분석을 통해 건강에 큰 도움이 될 것이다.

이러한 웨어러블 기기는 현재 구글에서 진행 중인 스마트 알약 등을 통해 신체의 이상 징후 등을 탐지하고 그 결과를 전달하는 기능도 가능하게 할 것이다. 웨어러블 기기의 성능 및 기능은 빠르게 발전하고 있으며 지속적으로 데이터를 생성하고 있다. 지금도 내 팔목의 스마트 워치는 시간이 됐다며 운동을 재촉하고 있다.

넷째, 3D 프린팅 소재 기술의 발전으로 인해 인체 장기의 맞춤형 생산, 즉 바이오 프린팅과 같은 기술이 의료와 접목되는 등 많은 시도가 이루어지고 있다. 인체에서 거부 반응이 없는 소재가 개발된다면 장기 기증이 필요 없어지는 날이 빠르게 다가올 것이다. 예를 들어 인간의 두개골, 인공 치아 및 보철물, 인공 잇몸, 피부 등 다양한 영역에서 적용 가능한 소재가 만들어지고 있고 의료에 접목되고 있다. 영화처럼 인체의 상당 부분이 인공 장기로 대체되고 궁극적으로는 전자 관련 응용 기술을 통해 인간의 장기를 가진 로봇이 등장할 날도 올 것이다.

다섯째, 미국 IBM 사의 왓슨처럼 다양한 의학 논문 및 관련 질병 자료를 학습하여 인간의 질병을 치료하거나 예방하는 인공지능이 의사와 협업해 치료하는 의료 서비스가 보편화될 것이다. 자동차는 주기적으로 엔진 오일, 타이어, 부동액 등을 교환해야 한다. 이는 고장을 사전에 예방하는 차원에서 이루어지는 작업이다. 하지만 우리 몸의 경우 고장이 났을 때, 즉 감기 등 특정 질병에 걸렸을 때 병원에 가서 치료를 받는 경우가 대다수다. 빅데이터와 인공지능 그리고 기타 과학 기술의 발전으로 인해 의료는 질병을 치료하는 목적보다는 이를 예방하는 차원의 예방 의학으로 발전하고 있다.

전 세계적으로 발표되는 수많은 의학 논문과 각종 의료 정보, 학술지 등을 의사가 모두 찾아보고 학습하기란 거의 불가능하다. 실제적으로 데이터 웨어하우스 상에 존재하는 각종 의료 정보를 연구에 활용하는 것은 많은 비용과 시간이 들고, 이를 통해 특정 환자 개인에게 맞춤형 치료를 진행하는 것은 쉽지 않다. 오진이 났을 경우 인공지능의 오류인가 아닌가 하는 사회적 또는 법률적 합의도 필요한 부분이기 때문이다.

경험 많은 의사와 인공지능의 협업은 분명 보다 정밀한 치료와 예방을 가능하게 할 것이다. 그리고 이는 질병 없는 삶을 추구하는 인간에게 큰 행복을 가져다 줄 것이다.

교육의 변화

4차 산업혁명 시대 새로운 기술들이 쏟아져 나오고 있지만, 우리 교육 체계는 100년 전과 크게 다르지 않다는 것을 느낀다. 지금까지의 교육 체계가 산업혁명을 중심으로 획일화된 산업화 구조, 즉 대량 생산 체계에 알맞은 인재 양성에 초점이 맞추어 졌다면, 앞으로는 기술 발전에 따른 새로운 교육 시스템이 필요할 것이다.

이러한 4차 산업혁명 시대 교육의 핵심은 창의력, 소통 능력, 적응 능력을 중심으로 바뀌어야 한다. 급격한 산업 발전 과정을 겪으며 기존 교육 시스템이 변화되어야 한다는 요구는 지속적으로 있어 왔지만 지지부진했던 면이 있다. 우리가 학교에서 배웠던 수많은 이론과 지식이 사회 생활을 할 때 과연 얼마나 사용되었는지 다시 한 번 생각하지 않을 수 없다.

세상은 한 번 뒤처지면 절대 따라잡을 수 없는 무한 경쟁의 시대가 되어가고 있다. 생각해 보라. 지금 선진국들이 가지고 있는 인공지능 등의 첨단 기술을 뒤처져 있는 특정 국가가 쉽게 따라잡을 수 있을 것이라는 환상은 버려야 한다. 그렇지만 이러한 선진 기술 발전을 능동적으로 따라 잡을 수 있도록 교육 시스템을 개선한다면 가능하지 않을까 하는 생각도 든다. 그렇다면 어떻게 개선해야 하는 걸까?

갑작스러운 코로나19 전염병 창궐로 인해 언택트 기술을 사용한 교육 환경이 획기적으로 변화하고 있다. 과거 대다수 어린이들의 꿈은 과학자, 대통령, 선생님이었다. 하지만 지금은 아이들은 물론 어른들까지 유튜버를 꿈꾸고 있는 실정이다.

언택트 교육은 통신과 소프트웨어 기술 기반에서 유용한 콘텐츠와 교수자의 능력이 융합되어 만들어진다. 보편적인 콘텐츠를 보유한 사람 외에도 고도의 학습적 능력을 구비한 교수자를 통해 그들이 원하든 원하지 않든 언택트 교육을 할 수밖에 없는 상황에 놓였다. 과거 유튜브 교육은 본인을 홍보하거나 관심 분야를 공유하기 위한 정도로 활용되는 수준이었지만, 최근에는 창조적 교육 콘텐츠 능력을 갖춘 숙련된 교수자가 콘텐츠를 생산하는 주체로 나서고 있다.

언택트 교육은 단순히 새로운 기술을 사용하여 학습자에게 지식을 전달하는 수준을 넘어 감정까지 전달할 수 있는, 살아 있는 교육 콘텐츠의 형태로 발전하고 있다. 유튜브 동영상은 동영상으로서 가치일 뿐, 기술 발전에 있어 새로운 영역에 특화된 시스템과 융합된 교육 시스템이 경쟁적으로 출현할 것이다. 이러한 경쟁적 출현은 곧 교육 경쟁력을 의미한다.

어떤 국가에서는 어린이들이 학교에 가기 위해 위험을 무릅쓴 채 먼

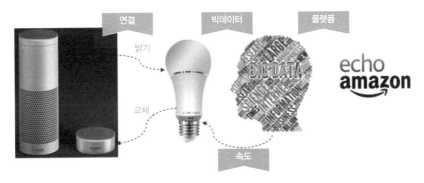

기존의 램프에 연결된 스마트 융합

길을 통학하고, 교재와 학습 도구가 없어 지식 습득에서 소외되곤 한다. 스마트 기술과 융합된 언택트 기술을 이용하면 작은 태블릿을 통해 양질의 교육을 받을 수 있게 되기 때문에 교육 격차가 획기적으로 줄어들 것이다.

또한 살아 있는 창의성 중심의 교육 패러다임 전환이 이루어져야 한다. 수렵 사회에서는 사냥을 잘하고 농경 사회에서는 농사를 잘 지으면 삶을 유지하는 데 어려움이 없었다. 하지만 산업혁명 시대에 들어서면서 육체 노동을 대체하는 자동화로 제품을 빠른 시간에 생산하는 것에 초점이 맞춰졌다. 그리고 다가온 4차 산업혁명 시대는 지식을 기반으로 하는 자동화, 즉 데이터 지능화의 시대가 되어가고 있다.

이러한 시대에는 융합 교육이 효과적인 대안이라고 생각한다. 스마트폰만 잘 사용할 줄 알아도 일상 생활은 물론 업무까지 효과적으로 처리할 수 있다. 이미 IT 선진국에서는 구글 융합학 등 다양한 융합 관련 교육이 초등학교 정식 교육 과목으로 자리잡고 있다.

앞으로는 4차 산업혁명 시대에 걸맞은, 개개인에 특화된 창의적 맞춤 교육이 필요할 것이다. 프랑스의 에꼴25, 미국의 미네르바 대학처럼 새로운 형태의 교육 시스템이 출현할 것이다.

세상을 살아가는 일은 끝없이 선택해 나가는 과정의 연속이다. 그 선택은 지금까지 우리가 겪었던 다양한 경험의 산물이다. 때로는 잘못된 선택으로 인하여 어려운 상황을 맞기도 하지만 의외의 좋은 결과 또는 생각했던 그 이상의 좋은 결과를 만들어 내기도 한다.

올바르게 선택했는지 아니면 경험에 의해서 무의식적으로 선택했는지를 떠나 수많은 선택이 하나의 결과를 만들어 나간다. 다른 시각으로 보면 우리는 결론부터 내려놓고 살아가는 것이라고 생각할 수도 있다.

산업적인 측면에서 보면 그 본질인 업은 18세기 산업혁명 이래로 지속적으로 발전하여 왔다. 하지만 정보화를 거치고 융합의 시대인 4차 산업혁명 시대로 진입하면서, 우리는 다시 한 번 업의 본질에 대해 생각해 보는 디지털 전환의 시대로 빠르게 가고 있다. 디지털 전환은 정보기술을 통한 혁신만을 말하는 것이 아니다. 디지털의 사상적 특징은 속도Speed, 정확Accuracy, 융합Fusion

이다.

속도는 정보기술이 비약적으로 발전하며 산업 전반에 빠르게 적용되는 것을 의미한다. 과거 게놈 프로젝트는 의학과 생물학 그리고 정보기술의 발전으로 인해 잉태된 산물이다. 13년이라는 긴 시간과 막대한 비용으로 완성된 인간 게놈 프로젝트를 통하여 이제는 하루 정도면 저렴한 비용으로 손쉽게 유전체 분석을 할 수 있게 되었다.

정확이라는 측면에서 보자. 인공지능은 사고와 행동을 인간처럼 하고 이를 이성적 결과로 만들어낸다. 기술의 융합과 함께 논리학, 통계학, 수학을 기반으로 정확한 이성적 판단이 가능하게 하는 것이다. 이것은 사람의 말을 알아듣고 그를 바탕으로 사고하고 행동하는 기반이 된다. 사람이 전화를 걸었을 때 상대방이 기계임에도 불구하고 사람으로 착각할 정도로 고도화된 음성 인식 시스템 또한 그 산물이다.

물론 이러한 시스템을 만들기 위해서는 언어의 말뭉치, 데이터 마이닝, 학습할 수 있는 빅데이터, 그리고 인공 신경망 알고리즘 같은 다양한 분야가 융합되어야 한다. 이것은 시스템적 차원에서 정확성이 매우 중요한 부분이라고 할 수 있다. 디지털은 산업에서 혈관과 같은 중요한 역할을 하고 있다. 혈관을 통하여 혈액이 신체 곳곳으로 잘 돌게 되면서 신체 모든 조직이 유기적으로 연결되어 올바르게 활동하게 되는 것이다. 여기서 혈액은 정보기술 측면에서 보면 '빅데이터'라 할 수 있을 것이다. 이러한 빅데이터

를 중심으로 한 기술은 기존 산업뿐 아니라 현재의 산업도 모두
몰락시킬 수 있는 파괴적 속성을 가지고 있다.

이러한 속성을 가진 신기술들을 우리는 어떻게 받아들이고 이
용할지 깊이 고민해야 할 것이다.

◆ ◆ ◆

Life is a continuous series of making choices. We make
those choices based on our own experience. Sometimes
you make a good ones and sometimes you don't.

And regardless of whether a choice was made based on
experience or out of the whim, we understand that of
those many choices, there can only be one result.

Looking at this from a different perspective, we may
already have our mind set on a result or conclusion even
before we make the actual choices.

From an industrial perspective, 'human jobs' being the
engine of 18th century industrial revolution have
continuously changed since then.

However, as we enter the 4th industrial revolution,
which is an era of democratization of information and
digitalization of society, I beg the question as to what
truly is the fundamental engine for our industrialization.

Digitalization doesn't only mean innovation through

information technology. Digitalization has three ideological characteristics: speed, accuracy and fusion.

'Speed' means the rapid development and deployment in the industry.

For example, the Human Genome Project (HGP) was a result of combination of advancement in medical science and biology with the advancement of information technology.

With the success of the HGP, which took 13 long years and billions of dollars in the making, the same job now can be easily done in a day at very low cost, which in essence, is due to rapid technological convergence and development.

Additionally, from an accuracy perspective, artificial intelligence that is able to think and act like human and rationally deliver results has its basis on rational intelligence sourced from our academic disciplines such as logic, statistics, and mathematics along with the fusion of various technologies.

This provides a foundation for understanding human voice followed by thinking and acting like human. In terms of accuracy, when a person makes a phone call, even though the other party is a machine, an advanced voice recognition system that can be mistaken as a human is one of the best examples of a product created today.

Of course, in order to create such system, various fields such as the corpus of the Korean language, data mining, big data that can be learned, and algorithms such as artificial neural networks need to be interwoven and work together. This a very important part of accuracy at the system level.

Currently, digitalization is like the veins of the industry. When blood flows through the veins to various parts of the body, all tissues of the body become organically connected to work properly. Big Data plays the role of the blood.

The technology that Big Data is based off of also has the potential to destroy the past and current industrialization of our society.

Technologies with such potential destructive applications will have to be deeply considered in terms of how we should accept and use them.

CHAPTER 3

전략

주집필자_ 박준호, 신정훈

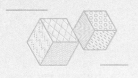

　전략을 말할 때 생각나는 고사가 있다. 고대 중국의 한 부자에 관한 이 야기이다. 초나라 여행길에 나선 부자가 잠시 마차를 멈추고 쉬고 있는 데 그 동네 사람이 말을 걸었다. "어디로 가십니까?" "초나라로 가는 중 입니다." "초나라요? 초나라는 남쪽입니다." "저는 준비를 많이 해서 걱 정이 없습니다." "초나라는 남쪽에 있지만 지금 북쪽으로 가고 계시네 요." 하지만 그는 다른 말을 한다. "저의 마차와 말들은 아주 튼튼하며 빠르기까지 합니다." "지금 방향을 알려 드리는 것입니다. 남쪽으로 가 셔야 합니다."

　가고자 하는 방향 자체가 틀린 것이다. 속도보다 방향이 먼저라고 할 수 있다. 철저히 모든 것을 준비하고 여행에 필요한 훌륭한 말과 마차가 있다고 하더라도, 방향이 틀리면 아무것도 안 된다. 최선을 다해 열심히 해도 방향이 잘못됐다면 헛일을 한 것이다. "어떻게 가고 있는가?"보다 는 "어느 방향으로 가고 있는가?"에 먼저 자신 있게 대답할 수 있어야 한다.

　목적지를 향해 가다가 길을 잃으면 잠시 멈추어 서서 아무나 잡고 길을 물어 볼 것이다. 빅데이터 시대에 걸맞은 좋은 안내자는 데이터에 기반한 다양한 경험과 잘 만들어진 거버넌스가 아닐까 생각한다.

소프트웨어적인 요소는 이미 각 오픈 소스라는 기술에 경험적인 부분을 더하여 자유로운 사용이 가능한 형태로 바뀌고 있으며, 거버넌스는 군대로 비유하면 무기의 효율적인 배치와 아울러 잘 훈련된 전투원으로 보면 될 것 같다.

동네 식당을 생각해 보자. 식당 주인과 종업원이 요리부터 계산까지 다양한 일을 하며, 손님이 많을 때도 있고 적을 때도 있다. 특히 점심과 저녁 시간 대에는 손님이 많다. 아무리 경험이 많은 주인과 종업원이라 할지라도 식당을 시작한 초기에는 능숙하게 주문을 받고 재빠르게 조리해서 음식을 맛깔스럽게 손님 앞에 차려낸다는 것이 쉽지 않다. 주방장과 서빙, 그리고 안내 및 카운터는 필수적인데, 이를 효율적으로 운영하지 않으면 손님에게 제대로 된 서비스를 제공할 수 없을 뿐더러 다시 찾고 싶은 음식점으로 기억되지 않을 것이다.

식당의 사례를 빅데이터적인 시각으로 보면 좀 더 전략적으로 접근할 수 있다. 전략적으로 식당 구성원들이 하는 일을 조정 및 재배치함으로써 효과적으로 운영할 수 있는 다양한 방법을 고민할 것이다.

첫째, 주방장과 서버 그리고 카운터가 각각 해야 할 일과 더불어 유사한 일들을 더 할 수 있게 조직을 구성한다. 주방장은 음식을 만드는 것 외에 식재료를 미리 손질하여 음식이 빨리 나올 수 있도록 준비하는 일을 한다. 서빙은 정확하게 주문된 메뉴가 손님 앞에 잘 차려지도록 하는 일 외에 식당을 깨끗하게 정리 정돈하고 음식을 포장하는 일을 한다. 또한 다른 식당에서는 어떻게 하는지 동향을 살피고 손님들이 만족할 수 있는 서비스는 어떤 것인지 살피는 일을 추가한다. 카운터는 매출이 어떤 메뉴에서 주로 발생했는지, 어떤 메뉴를 좋아하는지 분석하는 일을 추가한다. 이와 같이 주로 하는 일 외에 추가적으로 한두 가지 정도를 더 할 수 있도록 일을 분담하여 매출이 오를 경우 일정 부분을 구성원들에게 돌아가도록 한다면 좋을 것이다.

둘째, 식당 내 행동 반경을 분석하여 효율적인 동선을 만들도록 한다. 손님이 줄지어 들어올 때 어느 테이블부터 앉히면 효율적으로 서빙할 수 있는지 파악하고 메뉴를 주문할 때 추가적인 메뉴를 권유하여 주문을 받을지 등의 고객 응대를 매뉴얼로 만든다. 계산대가 식당 안쪽에 있다면 계산할 때 다른 손님들에게 방해가 될 수 있기 때문에 출구와 가까이 있는 것이 좋을 것이다.

이러한 식으로 빅데이터적 사고를 해볼 수 있을 것이다. 최근 빅데이터에 기반한 서비스 모델이 발전하고 있어 쿠폰 발행이나 SNS 등을 통한 홍보 또한 매우 중요한 요소로 자리잡고 있기 때문에 정보 기술과 연관된 제휴 및 서비스 연계가 매우 중요한 부분으로 자리잡고 있다.

지금까지 간단한 식당을 사례로 설명하였다. 여기서 식당 구성원은 군대로 비유할 수 있고 각자의 일은 주특기에 해당된다. 또한 배달 앱 등의 연계, SNS 등을 통한 홍보는 무기로 비유할 수 있을 것이다. 빅데이터적인 사고는 우리가 당연하게 받아들이는 부분을 편리하고 효율적으로 바꾸는 수단이 될 수 있다.

전략은 기존의 생각과 방식을 바꾸고 이를 실천하는 것에서 출발한다.

빅데이터 전략은 고객에 대한 사실, 즉 데이터와 경험을 축적하여 경영에 도움이 될 수 있도록 하는 일련의 활동을 기존 기업 활동에 더하는 지극히 단순한 사고에서부터 시작한다.

빅데이터 전략이란?

1948년 클라우드 섀넌은 비트^{Bit}라는 용어를 처음으로 소개하였고 조지 다이슨은 "빅데이터는 물리학적, 생물학적 데이터의 집합체"라고 정의하였다. 이후 정보 기술의 발전으로 데이터는 폭발적으로 증가하였고 다양한 빅데이터를 중심으로 한 기업은 다시 플랫폼을 중심으로 한 서비스 기업으로 자리잡고 있다.

이러한 시대 상황에서 기존에 알고 있던 전략을 다시 생각해봐야 할 시점이 아닌가 싶다. 전략은 다양한 형태의 사회적, 산업적 활동을 하는 데 있어서의 포괄적인 방법을 의미하며, 우리는 이러한 전략의 테두리 내에서 하루하루를 생활하고 있다고 해도 과언이 아니다.

빅데이터 시대의 전략은 '모든 의사 결정은 데이터를 중심으로 이루어지며, 모든 전략과 전술은 생성되는 데이터를 통해 만들어져 불확실한 비즈니스 현실 앞에서 새로운 지혜 및 예측을 수반한다'는 것을 그 특징으로 한다.

기업 측면에서의 전략은 내·외적 환경 변화에 기업을 적응하게 하기 위한 정책 또는 다양한 매크로 영역을 포함한다. 기업은 전사적인 목적이나 목표를 설정하고 이를 달성하기 위한 수단을 결정하게 되는데 이를 경영 전략이라고 할 수 있다. 하지만 최종 의사 결정 단계에서는 단순한 경험 및 상황에 의존하게 되므로 주관적인 결정이 될 수밖에 없는 태생적 특성을 가지고 있다.

　전략은 단기적인 전술에 비해 장기적인 특징을 가지며, 기업 전체의 미션과도 어느 정도 맥을 같이 하고 있기 때문에 거시적인 기업 환경 변화에 적응하도록 하는 정책을 포함하고 있다. 그렇기 때문에 기업의 비즈니스 경험 및 기업 외부에 대한 방대한 정보를 필요로 한다.

　① 빅데이터 전략의 필요성 : 최근 코로나19 등의 전염병 출현으로 세계 질서는 혼돈 그 자체다. 많은 학자들이 우리가 코로나19 이전의 상태로 돌아갈 수 없다는 것을 예견하고 있다. 뿐만 아니라 자국을 우선시하는 국가주의에 매몰되어 다양한 경제 및 산업이 강대국을 중심으로 재편되고 있다. 결국 불확실성은 점점 더 커질 것이고, 이러한 시대에는 사실에 기초한 분석과 예측이 그 어느 때보다도 중요할 것으로 생각된다. 특히 다양한 불확실성에 대비하기 위한 데이터적 분석 능력이 그 어느 때보다 중요한 요소로 작용할 것이다. 이러한 불확실성 위기에 대응하기 위해서는 다차원적인 통찰력이 있어야 하며, 그러한 통찰력은 효과적인 빅데이터의 확보에 의해 가능하다고 할 수 있다.

　② 빅데이터 전략의 필요 요건 : 앞으로의 변화에 대비하기 위해서는 거시적, 미시적 대응력이 필요할 것이다. 거시적인 대응력은 글로벌 경

제 상황, 고객의 요구 등을 포함한 큰 개념의 대응력을 말하는데 이는 크게는 국가, 정책 그리고 작게는 기업을 의미하기도 한다. 미시적 대응력은 단기간의 해결책을 찾는 것이 아니라 해결책을 작게 세분화하여 하나 하나의 해결 방법을 찾아 제시하는 것을 의미한다. 다시 말해서 다양한 사건 또는 이벤트에 기반한 징후 및 신호를 포착하는 것으로, 이슈에 대한 사전 인지 포착을 통한 분석적 기반의 예측이 필요하기 때문이다.

이를 위해 라이프 로그 데이터Life Log Data의 체계적인 활용이 전제되어야 한다. 개인은 더욱 개인화되고 지능화되며 트렌드 변화에 민감하게 반응하기 때문에 고객의 신뢰가 장기간 지속되기 어려운 형태로 진화하고 있다. 우리는 평가, 평판, 그리고 의견, 신용 등 다양한 분야에서 최적의 전략 요건을 찾아내야 한다.

③ 빅데이터 전략의 완성 : 다양한 분야와의 결합은 융합을 만들어 낸다. 이러한 융합은 새로운 서비스 가치를 창출하게 되는데 이러한 전략이 대응력과 경쟁력을 만들어낼 수 있다.

4차 산업혁명 시대의 급격한 기술 변화와 코로나19 등 전염병의 출현으로 우리 삶은 지금도 바뀌고 있고 앞으로도 바뀔 것이다. 효율적인 빅데이터 전략을 통해 조직과 제품, 서비스, 경쟁 모델이 만들어지게 된다면 무한 경쟁 시대에 능동적으로 대처할 수 있을 것이다.

첫째, 데이터 중심적 전략으로 전환이 필요하다. 데이터 중심적 전략은 조직에서 기술 영역과 업무 영역으로 나눌 수 있다. 기술 영역은 데이터를 확보하고 이를 가공, 분석하는 솔루션에 해당하는 부분이다. 분석의 메커니즘, 즉 분석적, 시각적, 조직적 부분까지 포함한다. 업무 영역은 다양한 업무 중심의 이해라고 할 수 있다. 빅데이터와 업무를 조합하여 효과적인 결과를 창출하는 영역으로, 각 업무를 이해하는 데이터 중심의 업무 담당자라고 할 수 있다. 데이터 과학자는 '데이터를 분석한다'는 하나의 관심사를 얘기하지만 세분화해서 보면 산업별로 구분되고 다시 세분화된 업무로 구분된다.

산업별로는 크게 제조, 서비스, 공공 등으로 나누어질 수 있다. 서비스 산업에서 유통 산업으로 들어가고 그 산업에서 다시 마케팅, 물류, 조직 등으로 세분화되는 식이다. 서비스 산업에서 업무 영역은 유통 마케팅 또는 물류의 현업 담당자가 맡고 있다. 이는 서비스 산업과 유통을 이해하며 마케팅이나 물류를 이해하고 있는 담당자라고 할 수 있다. 그래서 금융 데이터 전문가가 유통 데이터 업무를 이해하기는 어렵다는 것이다. 빅데이터를 이해하기 전에 업무에 대한 이해를 우선해 데이터를 접하는 것이 해당 분야의 데이터 전문가라고 할 수 있는 것이다. 협업 업무와 지식 그리고 경험을 통해 통찰력을 만들어 나가는 것이 바른 모습일 것이다.

둘째, 빅데이터 전략은 순환적 구조를 지향해야 한다. 불과 십 수년 전만 하더라도 우리가 하나의 상품을 구매하기 위해 많은 고민이 필요하지 않았다. 왜냐하면 하나의 상품을 구매하기 위해서 고민할 정도로 많은 종류의 제품이 있지 않았기 때문이다. 예를 들어 아침식사로 각광 받는 씨리얼은 바쁜 현대인에게 시간을 들이지 않고 간단히 아침 식사를 해결할 수 있는 좋은 대용식이다. 하지만 우리가 즐겨 찾는 대형마트에 가보면 수많은 씨리얼 제품들이 전시되어 있다. 과일 향과 여러 색깔로 만들어진 씨리얼, 귀리와 같은 곡물 및 아몬드와 땅콩이 들어가 있는 것 등 셀 수 없을 만큼 많은 제품의 종류에 놀랄 것이다. 이와는 별개로 대용식 카테고리 내에서 경쟁하는 곡류 중심의 선식류, 쌀을 가공한 누룽지 형태의 제품 등과도 경쟁하고 있다. 그러니 아침 대용식 하나를 구매하는 것도 쉽지 않다. 또한 온라인 쇼핑몰에는 용량, 가격 등 세분화된 카테고리로 비교해 놓고 있어 선택의 고민이 더욱 깊어진다.

이러한 제품별 특성을 놓고 빅데이터 전략을 세운다면 어떻게 해야 할까. 순환적 빅데이터 전략은 타깃을 미리 설정해 놓고 시작한다.

지향하고자 하는 목표, 즉 타깃을 미리 정한 후 세분화해서 보면 크게 네 가지로 나눌 수 있다. '타깃팅'은 목표와 목적, 일정, 결과를 포함한다. '결과'는 최종 결과를 나타내며, 이것은 목표 내지 결과를 미리 설정해 놓는 것을 의미한다. 그리고 목표에 따른 관련 '데이터 분석'을 통하여 데이터 항목을 정하고 이를 수집, 저장, 처리, 분석하는 과정도 포함된다. 이렇게 설정된 고객 데이터는 다양한 고객 분석을 통해 실제 실행의 기반이 되기 때문에 매우 중요한 요소라고 할 수 있다.

이 과정에서 우리가 보유하고 있는 데이터와 필요한 데이터, 그리고 현업의 업무적 전문성이 함께 더해져야 효과적인 '캠페인'이 가능하다. 이렇게 실행된 캠페인은 다양한 실행 과정을 만들어 내 향후 결과에 따른 반응과 분석 그리고 재타깃팅을 하게 되어 지속적으로 순환하게 된다.

많은 경영자들이 '빅데이터를 구축하면 빠른 시일 내에 획기적인 결과가 나올 것'이라는 조급증에 사로잡혀 있다. 하지만 빅데이터를 기반으로 하는 데이터 비즈니스는 빠른 시일 내에 원하는 결과가 나오는 것

순환적 빅데이터 전략 중 타깃 마케팅

이 아니다. 지속적인 적용 및 순환을 통해 서서히 목표에 접근하는 방식
인 것이다.

  셋째, 빅데이터 전략을 실행하기 위한 외부적 요소를 체크해야 한다.
앞서 말했듯 빅데이터는 다양한 업무에 적용해 서비스를 만들어 나가는
것이기에 정교한 빅데이터 확보가 매우 중요한 부분이다. 하지만 개인
정보 보호 및 데이터의 생성 주체 등 법률적인 부분에 대한 가이드라인
이 엄격하게 제한되어 있다. 이러한 가이드라인 규제는 앞으로 더욱 심
해질 것이다. 따라서 빅데이터를 사용할 때 반드시 데이터 관련 법률 전
문가의 조언을 통해 법률적인 요소를 미리 검토해야 할 것이다.

빅데이터 전략의 실행

빅데이터 실행의 시작은 전략이다. 필자의 경험에 비추어 보면 빅데이터를 기획하고 구축하고자 할 때 대부분의 경우 처음부터 빅데이터 관련한 소프트웨어적 정보 기술과 데이터만을 바라보며 시작한다. 하지만 효과적으로 빅데이터를 구축하고 사용하는 기업들을 보면 빅데이터 관련 비즈니스 전략을 먼저 생각하고 실행한다는 걸 알 수 있다.

① 데이터의 역량 : 빅데이터를 어떤 관점에서 바라보고 있는지가 중요하다. 과연 우리가 데이터를 가치 있게 바라보고 있는지? 활용할 준비는 되어 있는지? 어디에 활용할 것인지? 어떻게 융합할 것인지? 등을 먼저 생각해야 한다.

빅데이터 분석을 위해서는 많은 양의 데이터가 필요하지만 어디에 활용할 것인지? 어떻게 데이터를 사용할 것인지? 어느 부서에서 담당할 것인지? 빅데이터 관련 부서는 존재하는지? 사용하려고 하는 데이터는 이미 확보되어 있는지? 관련 업무 경험이 많은 데이터 과학자 또는 데이터 분석가는 있는지? 빅데이터 시스템을 작은 업무에 적용해 본 경험은 있는지? 분석된 데이터를 어떻게 사용할 것인지? 등에 대한 준비 역시 되어 있어야 한다. 이러한 종합적인 요소의 고려가 데이터적 역량을 의미한다.

② 데이터의 기준 : 데이터를 보는 가치 판단 기준을 의미한다. 분석하고자 하는 데이터는 어떻게 보유하고 있는지? 내부 데이터인지, 외부 데이터인지? 그 데이터에 개인정보는 있는지? 활용 가치는 있는지? 데이터를 분석하여 활용하고자 하는 것에 대한 경험과 지식은 있는지?

기업 내의 중요하지 않은 업무라 할지라도 빅데이터 시스템을 구성해 사용하면서 분석적·기술적 경험을 쌓아 발전하는 모델을 지향해야 한다. 데이터에 대한 가치 판단이 곧 빅데이터 활용의 성패를 좌우하기 때문이다.

③ 데이터의 보유 : 사업 목적에 따른 전략에 필요한 데이터가 있는지 여부다. 기업들은 대체적으로 데이터 웨어하우스 또는 데이터 마트에 있는 정형 데이터 위주로 확보해 사용하고 있을 것이다. 빅데이터라는 키워드가 나오기 전까지 기업이나 그 외 조직에서는 데이터베이스 서버에 있는 데이터만이 가치가 있다고 생각했기 때문이다. 하지만 기술의 발전에 따른 데이터 자동화와 사용자 중심의 폭발적인 비정형 데이터 증가로 인해 정형 데이터와 더불어 비정형 데이터가 중요한 가치를 제공하는 핵심 영역을 차지하고 있다. 물론 사전에 정제되거나 가공된 데이터를 의미하는 것이기는 하지만 말이다.

비정형 데이터의 원천 데이터는 약 80%가 다양한 부분에서 능동적으

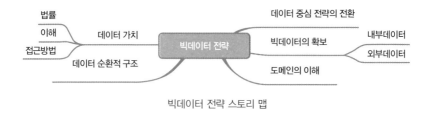

빅데이터 전략 스토리 맵

로 만들어지고 있다. SNS 기반 데이터, 스마트 기기에서 발생하는 데이터, 제조 관련 생산 설비에서 발생하는 데이터, 의료 데이터, 교통 데이터, 교육 등 다양한 영역에서 다양한 채널을 통해 발생하고 있다. 때문에 이 모든 데이터를 확보하여 분석한다면 기업에서는 새로운 경쟁력을 갖출 수 있는 또 하나의 강력한 수단이 될 것이다. 물론 앞서 데이터의 기준에서 언급한 '보유하고 있는 데이터가 활용하고자 하는 분야에 맞는 데이터인지' 확인해야 한다.

예를 들어 화장품 기업에서 보유하고 있는 소비자 데이터를 활용하여 성별, 나이, 직업, 거주 지역 등에 대한 빅데이터를 보유하고 있다면 이를 분석하여 고객이 원하는 화장품의 기능이나 성분을 찾아 신제품을 출시할 수 있고 마케팅에 적용하여 타깃 상품을 다양하게 노출시킬 수도 있다.

④ 관련 인적 자원 확보 : 빅데이터와 관련된 얘기를 나누다 보면 이런 고민을 종종 듣는다. 외부에서 전문 인력을 채용하면 업무 도메인을 잘 모르기 때문에 바로 적용하기 어렵고, 신규 인력을 채용하게 되면 많은 시간과 비용이 들어가며 어느 정도 업무 능력이 쌓이면 조건이 더 좋은

곳으로 이직하는 경우가 많다는 것이다.

빅데이터의 중요성을 인식한다면 전문 인력으로 구성된 조직을 운영할 수 있도록 최고 경영자를 중심으로 한 경영진이 나서서 지속적인 인적 투자에 신경 써야 한다. 가장 좋은 방향은 산업 및 업무 도메인 경험이 많은 조직 내의 인재를 선별하여 데이터 과학자나 데이터 분석가로 성장할 수 있도록 지원해 주는 것이며, 외부 인재를 영입할 경우에는 같은 도메인에서 풍부한 경험을 가진 인재를 확보하는 것이 중요하다.

4차 산업혁명 시대에 걸맞은 인문학적 소양과 기술적 역량을 갖춘 사내 교육 시스템을 구축, 지원하는 것이 바람직할 것이다.

빅데이터 거버넌스의 요소

거버넌스는 통상적으로 통치, 정책 등을 의미하며 기업에서 사용하는 데이터적 측면에서의 가용성, 유용성, 통합성, 보안성 등을 관리하기 위한 정책 및 절차를 말한다. 다양한 데이터 기반의 정책, 즉 체계적인 거버넌스를 통해 규정과 완전성, 신뢰성을 확보해야 하는 미션이 조직 내에 존재해야 한다. 거버넌스는 빅데이터를 통해 효과적인 결과를 도출해 내는 데 기반이 되는 뼈대와 같다. 거버넌스를 구축하기 위해서는 다음 네 가지를 고려해야 한다.

① 거버넌스 시스템 구성(인적, 물적)의 최적화 : 거버넌스를 통해 기업 내부의 다양한 업무 프로세스를 정립·운영하고 싶다면, 우선 조직을 '빅데이터를 지향하는 구조'로 재구성하고 유무형의 시스템을 재정비하는 것이 중요하다.

효과적인 거버넌스 구축을 위해서는 이를 실행하는 조직이 최우선적으로 구비되어 있어야 하며 이러한 조직은 각기 현업의 다양한 업무 부서 전문가들로 구성되어 지속적인 브레인 스토밍을 해야 한다. 거버넌스를 만들기 위한 전담 부서가 빅데이터팀이 아니어도 좋다. 기업 성격에 맞게 해도 무방하지만 법률, 오픈 소스 중심의 정보 기술, 업무 도메인 전문가 등으로 구성하는 것이 좀 더 효율적인 업무 추진에 좋을 것이다.

이러한 전담 조직 구성으로 이미 활용하고 있는 데이터를 재정비해, 효과적인 분석이 가능하며 누구나 쉽게 사용할 수 있는 체계로 만들어야 할 것이다. 이러한 체계를 만들 때는 정보 기술 전문가가 포함되지 않아도 무방할 것이다. 조직 내에 존재하는 체계화된 빅데이터를 효과적으로 사용하고 통제하는 규칙을 만드는 것이 가장 중요한 부분이기 때문이다.

② 데이터 중심의 거버넌스 조직 : 최고 경영자 차원에서 빅데이터의 중요성에 대한 확고한 신념이 있어야 할 것이다. 불과 몇 년 전에 한 외국의 투자자가 수조 원을 들여서 국내 한 기업에 투자한 적이 있다. 많은 시장 점유율에도 불구하고 지속적인 적자가 진행되고 있었다. 또한, 업의 특성상 경쟁이 더욱 치열해지는 상황이었고 단기간에 수익이 발생하기란 어려운 상황이었다. 투자자의 입장에서 많이 고민되는 상황이었다.

하지만 나는 비즈니스 측면에서 수익 이상의 많은 것을 달성했다는 생각이 들었다. 그것은 데이터의 확보라는 측면이었으며 향후 빅데이터가 다양한 비즈니스 모델을 통해서 많은 수익을 남겨 줄 수 있는 환경을 구축하였기 때문이다. 그렇기 때문에 단기간의 수익보다는 빅데이터의 확보 차원에서 투자는 현명한 판단이었다는 생각이 든다.

불확실성이 많은 미래의 비즈니스 환경 속에서 의사 결정에 도움이 되는 전략적 도구로 인식된다면 데이터를 효과적으로 활용할 수 있는 거버넌스 조직 구축은 꼭 필요한 요소일 것이다.

③ 빅데이터 거버넌스의 목적 : 거버넌스의 목적은 매우 단순 명료하다. 향후 기업의 미래 성장 동력이 될 빅데이터와 이를 중심으로 한 혁신적인 서비스 기반의 기술을 준비하고, 이를 효과적으로 활용하기 위해 거버넌스를 통해 데이터의 가용성, 유용성, 통합성, 보안성 관리 정책 및 체계를 확보하는 것이다. 가용성은 데이터가 필요할 때 언제든지 효과적으로 활용할 수 있는 구조를 의미한다. 이와 더불어 유용성은 의미 있는 결과를 만들어 낼 수 있는 양질의 데이터 구조를 말하며 관련된 데이터를 통합적으로 관리해 기업의 핵심 자산으로 자리매김하는 것이 목적이다.

④ 데이터에 기반한 모든 규정, 정책 포함 : 내부 데이터 프로세스 정립 후에는 빅데이터 시스템 및 데이터에 대한 세부 규정과 정책을 수립해 관리하여야 품질 좋은 데이터를 유지할 수 있다.

특히 법률적인 문제에 있어 투명한 데이터를 관리·보관하는 체계를 포함한다. 규칙 및 규정으로 확보된 원천 데이터 세트 또는 가공 데이터 전반의 민감한 정보(개인정보 등)는 비식별 조치 및 사후 관리 절차에 따라 진행하는 것이 가장 현명한 방법이다. 사실 우리가 유용하게 사용하는 데이터 대부분은 개인정보를 포함하고 있다고 해도 과언이 아니다.

지금까지 빅데이터 및 시스템 전반의 거버넌스에 대해서 알아보았다.

특히 데이터 관련 정책은 빅데이터 시스템, 데이터 분류 체계, 데이터 생애 주기, 데이터 접근 권한, 데이터 수집 정책 등 갖추어야 할 것이 많지만, 최소한 앞의 네 가지 정책만 체계적으로 수립하여도 빅데이터에 대한 거버넌스는 잘 구축되었다고 할 수 있을 것이다.

빅데이터 거버넌스 구축의 장애 요소

데이터 거버넌스가 협의의 의미라면 빅데이터 거버넌스는 광의의 의미를 담고 있다. 빅데이터 거버넌스는 국가적, 산업적, 기업적, 데이터적으로 다양한 시각이 존재하며 지향점 또한 차이가 있다. 여기서는 산업적, 기업적 측면에서 빅데이터 거버넌스 구축의 장애 요소를 중점적으로 살피고자 한다.

정보 기술의 발전으로 의료, 교통, 복지, 금융 등 다양한 영역에서 융합을 통해 기존 산업 체계를 근본적으로 바꾸는 혁신 기반의 창조적인 서비스가 만들어지고 있다. 그러나 국가적 차원의 정책적 거버넌스가 확립되지 않아 관련 산업이 사장되거나 발전하지 못하는 경우가 빈번하다.

앞으로는 빅데이터가 모든 산업의 마중물 역할을 할 것이기 때문에 관련 산업 육성 및 활성화를 위해 현실에 맞는 국가 차원의 정책 구축이 시급하다고 할 수 있다. 이는 기술과 법률이 늘 같은 선상에서 발전되어야 하는데 그렇지 못한 결과이기도 하다.

① 빅데이터 기반의 거버넌스 구분 : 거버넌스는 단순한 관리 및 통제 시스템이 아닌 '기업을 움직이는 힘'으로 정의할 수 있다. 데이터 관련 기술 발전으로 인해 빅데이터 전반의 거버넌스가 필요하게 되었으며, 폭발적인 데이터 증가를 보이고 있는 지금 시점에서는 더더욱 중요해졌다.

그렇다면 IT 거버넌스와 빅데이터 거버넌스에 대해 알아보도록 하자. IT 거버넌스는 IT 전략의 개발 및 운영을 관리하고 비즈니스와 IT를 융합시키기 위하여 기업 경영진, IT 관리자가 추진하는 조직 기능이다. 기업 거버넌스의 통합적 부분을 지칭하며, 조직의 전략과 목표 달성을 가능하게 하는 조직 구조와 프로세스, 그리고 경영 마인드로 구성된다.

효율적인 거버넌스는 IT 조직의 비전까지 포함하기 때문에 매우 중요하다. 그러나 IT 거버넌스는 IT 조직 내에서 실행할 때 많은 문제점이 존재할 수 있다. 현대의 기업 조직에서 IT는 매우 중요한 부분을 담당하고 있다. 따라서 기업 내의 다양한 조직들이 IT에 의존할수록 IT 환경에서 발생하는 리스크는 기업 전체의 문제로 확대되는 경향이 있다. 따라서 효율적인 IT 거버넌스를 구축하는 것은 기업의 미션 및 미래 전략과도 직결된다고 할 수 있다.

빅데이터 거버넌스는 빅데이터와 관련된 체계적인 관리와 통제를 말한다. 거버넌스에는 관리와 통제라는 의미가 함께 포함되어 있지만, 그중에서도 효율적인 관리가 더 중요하다고 할 수 있다. 빅데이터 거버넌스는 빅데이터 기반의 시스템 전반을 도입, 운영, 활용할 때 발생할 수 있는 위험 요소를 사전에 예방하고 기술적인 적용 및 효과적인 운영을 위한 것이다. 일반적으로 거버넌스라는 용어는 정부나 행정기관의 통치 행위를 말하지만, 빅데이터 거버넌스는 빅데이터에 대한 조직의 통제 관리 행위 전반을 의미한다. 거버넌스가 등장했다는 것은 새로운 기술의 등장과 이에 따른 관리 및 운영의 중요성이 나타날 수 있다는 것을 의미하며, 빅데이터 거버넌스의 등장은 새로운 데이터 기반 조직의 관리 운영 체계 변화와 그 필요성을 수반하는 것이다.

② 데이터 중심 거버넌스의 발상 : 빅데이터 거버넌스는 큰 의미에서 데이터 거버넌스에 포함되며, 데이터 거버넌스는 기업 또는 기관의 거버넌스에 포함된다. 특정한 조직이 현재 보유한 데이터와 앞으로 보유할 데이터, 즉 데이터의 과거와 현재, 미래를 포함하고 있다고 보면 좋을 것이다. 이러한 시계열적 관점에서 데이터에 대한 부분이 포괄적으로 포함되는데 다음과 같다.

- 데이터 관리 정책 : 데이터 생애 관리를 의미한다. 'Information Life Cycle management'라고 하며, IT시스템 자원 전반에 대한 원가 등에 기인하고 있다.
- 지침 : 데이터의 생성에서부터 활용 그리고 소멸까지 각 부분에 대한 세부적인 관리 지침 등을 포함하고 있다.
- 표준 : 사용되는 데이터의 형태가 부가적인 가공을 통하지 않고 필요한 조직 및 담당자에 제공되어 쉽고 편리하게 사용되거나 관리되는 표준화를 의미한다.
- 전략 : 경영 전반에 포함된 전략이 아니라 순수 데이터를 지향하는

전략이다. 이러한 전략을 통해 데이터를 활용하는 서비스 전반에 적용하는 부분을 의미한다.

- 방향 수립 : 현재 보유하고 있지 않거나 향후 필요로 하는 데이터 전반의 목표 방향 수립을 의미하는 것이다.

이렇게 데이터를 관리할 수 있는 조직 및 서비스 체계 구축 등 전반적 부분이 포함된다. 따라서 빅데이터 거버넌스는 데이터 거버넌스에 포함되어 기업 거버넌스라는 광의의 요소까지도 함께 내재하는 특징을 가진다.

③ 빅데이터 거버넌스 구축의 어려움 : 빅데이터 거버넌스를 구축하기 위해서는 가장 먼저 구성 요소에 대한 세분화가 이루어져야 하는데, 이를 통합적으로 바라보는 시각을 가진 전문가 또한 부족한 것이 현실이다. 거버넌스를 구성하는 요소로는 첫째 조직, 둘째 데이터 품질, 셋째 개인정보 등 보안, 넷째 데이터 정책 수립 등이 있는데 이를 체계적으로 구성하기는 매우 어렵다.

일부 기업은 외부의 빅데이터 ISP Information Strategy Planning(정보 전략 기획) 컨설팅 및 자문을 통해 해결하고 있지만 이들은 조직 내부의 특성을 모르기 때문에 체계적인 결과를 도출하기 어렵다. 따라서 이와 같은 문제점을 해결하기 위한 방안을 각 부문별로 살펴보려 한다.

조직은 데이터를 관리하고 분석하기 위한 역량 확충에 어려움이 있다. 이는 모든 기업이 당면한 과제다. 세부적으로 들어가 보면 빅데이터 시스템 전반에 능숙한 시스템 엔지니어와 분석 역량을 갖춘 데이터 과학자가 포함되는데, 이는 많은 기술적 역량과 함께 경험을 수반한다.

과거의 IT 시스템은 제조사에 기술적 문의를 함으로써 문제 해결이 가능하였지만 빅데이터 관련 부분은 그런 방식의 해결이 어렵다. 또한 조직 내에서 데이터 소유자와 활용자를 구분하기 어려운 것 또한 빅데이터 거버넌스를 실행하는 데 장애 요소라고 볼 수 있다.

데이터 측면에서는 '활용되는 데이터가 정교한 활용이 가능할 정도로 양질이냐' 하는 고민이 있다. 실시간으로 발생하는 빅데이터의 특성상 정교한 데이터 세트를 갖추어 놓기 어려운 부분이 있다. 왜냐하면 빅데이터의 원천 데이터 세트는 비정형 데이터이고 구조화되어 있지 않은 특징을 가지고 있기 때문이다.

활용되는 데이터의 상당수는 외부로부터 제공되는 API 또는 CSV 같은 형태를 띠고 있기 때문에 이를 효과적으로 활용하기 위해 양질의 데이터가 유입되도록 기술적 요소를 포함해야 한다. 또한 개인정보에 해당하는 민감한 정보가 데이터 곳곳에 포함되어 있기에 이를 찾아내기 위해서는 체계적인 보안 정책이 연계되어야 한다.

④ 통합 프레임 워크로서 빅데이터 거버넌스를 지향해야 하는 어려움 : 빅데이터 프레임 워크는 건축물로 비유하자면 뼈대와 같은 역할을 한다. 전체 건축물을 튼튼하게 지탱해주는 지지대 역할을 함과 동시에, 효과적인 설계로 사용이 편리한 건축물로서의 원천이 되기 때문이다.

그러기 위해서는 다차원적인 구조를 가지고 있어야 한다. 분석을 위해 BI Business Intelligence 소프트웨어를 활용한다. 이때 다차원적 구조인 큐브를 생성하고 데이터를 넣어서 분석하곤 하는데 이러한 역할을 빅데이터 거버넌스에서 수행해야 한다. 조직, 데이터, 프로세스, 통제적인 측면에서 다차원 큐브 형태로 각각을 통합하여 프레임 워크를 만들면 조직에 맞는 효율적인 빅데이터 거버넌스를 구축할 수 있게 된다.

　지금까지 빅데이터 거버넌스에 대해 설명하였다. 빅데이터 거버넌스는 경영학적 요소와 함께 IT적 요소 그리고 데이터적인 요소가 융합되어 만들어지는 것이다. 이에 대한 많은 고민과 시도를 통해 빅데이터 거버넌스를 완성해 나가야 할 것이다.

창조의 전략

비즈니스 세계에서는 누구도 생각하지 않았던 창조적 발상의 전환을 바탕으로 전략을 만들어내면 승리할 수 있다. 창조적 사고는 기존의 틀을 과감히 바꾸어야 만들어진다. 그러면 창조적인 생각은 어떻게 나오는 것일까?

하얀 백지를 앞에 두고 방금 깎은 연필 한 자루를 손에 쥔 채 이것 저것 생각한 것을 정리한다고 창조적인 발상이 나오는 건 아니다. 대부분의 사람들은 단순히 고민만 한다 해서 획기적이고 창조적인 생각이나 아이디어가 불쑥 떠오르진 않을 것이다. 내 경우는 산책을 하다가, 산에 올라 정상에서 먼 곳을 아무 생각 없이 바라보다가, 또는 늦은 밤 일을 마치고 집에 가는 도중에 차 안에서 불쑥 좋은 아이디어들이 떠올랐던 경험이 있다. 어떤 발명이나 발견 또는 기획을 함에 있어 감정과 환경의 변화에 따라 우연히 나타나는 경우가 많다.

2007년 로버트 루트번스타인은 그의 저서 《생각의 탄생》에서 "모든 학문 분야에서 창조적 사고와 표현은 직관과 감정에서 비롯된다. 창조적으로 생각한다는 것은 '느낀다'는 것으로 이해할 수 있다. 이해하려는 욕구는 반드시 감각적이고 정서적인 느낌과 한 데 어우러져야 하고 지성과 통합되어야 한다. 그래야만 상상력 넘치는 통찰을 낳을 수 있다."고 하였다. 또한 우리나라에서 창조적 인물로 평가 받고 있는 이어령 교수는 "20세기가 전문가의 시대였다면 21세기는 통합의 시대다."라고 하였다. 이처럼 새로운 생각은 앞서 기술한 바 있는 데이터 노드 간 융합, 비즈니스 융합, 기술 융합 사례처럼 감정과 직관과 지식을 통합해 창조된다고 할 수 있다.

그렇다면 생각의 발상은 어디에서 시작되는 걸까? 생각의 원천은 우리가 지향하는 바를 의미하며, 그 지향하는 바에서 새로운 시각적 사상을 통해 이제까지 생각하지 못했던 새로운 의미를 부여하는 것이다. 우리가 생각하는 전통적인 비즈니스는 어떠한 제품을 공장에서 생산해 판매하고 그로 인한 수익을 통해 기업을 유지하는 것이었다. 이를 위해선 해당 산업에 대한 이해 또는 경험이 가장 중요한 요소였다. 그러나 지금은 다양한 경쟁자가 지금까지 생각하지 않았던 영역에서 불쑥 등장하곤 한다. 늘 깨어 있고 준비되어 있지 않으면 언제 어디서 비즈니스 경쟁자가 등장할 지 모르는 세상에 살고 있는 것이다.

음식업을 한다고 하면 음식을 만드는 것에 집중하기 마련이다. 하지만 다양한 식재료나 원하는 음식을 빠르게 배달하는 것이 음식을 제조해서 판매하는 것보다 더욱 큰 수익을 가져다 주고 있다. 이렇게 특정 산업에서 부를 창조하는 원천은 그 업을 이해하고 다양한 연결을 통해 플랫폼을 폭발적으로 증가시키는 것이다. 더욱이 플랫폼 기반의 비즈니스 영역에서는 데이터와 공급망 그리고 플랫폼이 융합되어 새로운 거대 비즈니스 모델이 만들어지고 있다.

생각의 시작은 내재되어 있는 잠재력을 현실로 꺼내 오는 것이며, 이는 지속적인 발상의 전환에서 이루어지기 마련이다. 굳이 빅데이터 기술자가 아니어도 좋다. 오히려 기술자는 자신의 기술에 매몰되어 발상의 전환을 하지 못하는 경향을 가진다. 발상은 어떤 생각을 해내는 것을 의미한다. 그것이 창의적이든 창의적이지 않든 상관 없다. 인간의 생각은 모두 거기서 거기이기 때문이다. 하지만 생각의 충돌을 통해서 생각을 묶는다면 다른 사람 내지 다른 기업이 생각하지 못한 새로운 발상을 만들어 낼 수 있을 것이다.

다른 수많은 사람들의 생각이 어떨지 미리 고민할 필요 없다. 빅데이터를 통해서 사람들의 생각을 볼 수 있으니 말이다. 빅데이터를 통해 내 생각의 충돌과 다른 사람들의 생각을 융합하면 더 빠르고 획기적이며 창의적인 발상이 떠오르지 않을까 생각한다.

둘째, 생각의 전환적인 측면이다. 인류의 최초의 컴퓨터인 에니악은 연산을 위해 개발되었다. 그리고 기술 진보를 통하여 오늘날에는 '생각을 가능하게 하는 도구'로 발전하였다. '$1+1=2$'라는 단순 미션을 수행하는 것이 아니라 닭인지 고양이인지 구별하는 생각의 영역으로 발전한 것이다. 컴퓨터가 사람의 말을 이해해 대화를 나누고 해결 방법을 찾는 단계까지 발전하였고, 이는 대화 상대가 컴퓨터인지 사람인지 구분할 수 없을 정도의 놀라운 혁신을 가져다 주었다. 컴퓨터는 이제 인간만이 생각할 수 있고 인간만이 창작하고 만들어낼 수 있다고 생각했던 영역에 다가서게 되었다.

우리가 느끼는 생각의 전환은 무엇일까? 인간이 만든 것은 효율이 정해져 있다. 하지만 인공지능이 개입하게 되면 효율은 더 큰 효율을 만들어 낼 수 있게 된다. 인공지능에겐 인간이나 생물이 가지고 있는 트라우마가 없기 때문에 효율을 극대화하는 것일 수도 있다. 생각의 전환은 우리 주위에 있는 수많은 기술의 산물들을 새로운 시각으로 바라보는 것에서 시작된다.

자동차를 운송 수단으로 바라보지 않고, 컴퓨터를 연산 도구로 바라보지 않고, 휴대폰을 단지 목소리를 전달하는 도구로 바라보지 않는 것. 이것이 생각을 전환하는 첫 발자국이다.

셋째, 생각의 진화다. 고정 관념을 탈피해 그냥 머물러 있지 않고 흐르는 물처럼 계속 좋은 방향으로 개선되어 나가는 과정이 진화다. 본인이 맞다고 생각하는 지식이나 손에 익은 익숙한 방식을 벗어나 새로운 시도를 하는 것이다. 이러한 시도가 지금까지 전혀 없었던 부분은 아니라고 해도 상관 없다. 이미 만들어져 있는 것을 조합하여 새로운 것을 만들어내는 것 또한 진화의 한 부분이다.

미국의 영장류학자 마이클 토마셀로는 그의 저서 《생각의 기원》에서 "인간의 사고는 언어를 통해 '개인 지향성'에서 '공동 지향성'을 지나 '집단 지향성' 단계로 진화했다"고 말했다. 현대어를 가지고 몇백 년 전 사람들과 대화를 한다면 올바른 대화가 가능할까? 불가능할 것이다. 왜냐하면 언어 역시 지속적으로 변화하고 발전하는 진화의 과정을 거치기 때문이다.

이를 빅데이터 관점에서 보면 한 사람이 SNS에 올린 의견이나 글은 큰 의미가 없지만 여러 명의 의견이 모아지고 합쳐져서 서로 연결되고, 여기서 일정한 패턴이 발생하며 특별한 의미가 된다. 이러한 의견들이 종합되고 융합되면 새로운 통찰력을 얻게 되고 이를 토대로 기존 비즈니스의 발전과 아울러 새로운 비즈니스의 창출이라는 결과를 가능하게 해 준다.

이처럼 새로운 가치, 혁신을 가능하게 하는 발상과 생각의 전환, 생각의 진화를 공통적으로 관통하는 단어는 '융합'이다. 이러한 발상과 융합이 새로운 영역이나 비즈니스에 접목되면 혁신을 통해 새로운 전략을 창조할 수 있는 원천이 된다. 이를 '생각의 진화'라고 정의한다.

넷째, 생각의 전략이다. 지금까지 우리는 생각에 대해서 알아보았다. 생각이 바뀌면 행동이 바뀌고 행동이 바뀌면 습관이 된다고 한다. 이러한 결과는 새로운 인생을 살아가는 원천이 되기도 한다. 생각의 전략이란 우리가 효율적이고 창조적으로 생각하는 방법론적 부분을 의미한다.

우리는 대량생산의 토대에서 만들어진 사회 시스템과 규범 그리고 교육 환경에 익숙해져 있기 때문에 생각의 전환이 쉽지 않다. 하지만 익숙한 생각의 틀에 인문적 사상과 창의적 사상을 융합하면 지금까지 경험할 수 없었던 새로운 시각을 얻을 수 있을 것이다. 이를 통해 다양한 분야의 지식과 경험이 순간적인 감정 및 지식과 융합되어 창의적인 전략이 탄생할 수 있을 것이다.

창의적 생각의 조합

전략의 융합으로 폭발적인 결과를 만들어 내기 위해서는 생각의 조각을 모으는 연습이 필요하다. 우리는 유치원에서부터 대학교까지 오랜 기간 교육을 통해서 다양한 과목을 배운다. 이 과목들이 하나하나 퍼즐처럼 맞춰지며 '나'라는 인격체를 형성하는 데 큰 영향을 주는 것이다.

나는 캘리그래피를 좋아해서 종종 하얀 백지에 붓을 이용해 좋아하는 시를 멋진 글로 표현하는 연습을 한다. 벌써 10년째다. 그런데 시간이 흐르면서 조금씩 다른 영역에도 관심을 갖게 되었다. 맘에 드는 글씨를 멋진 액자에 넣어 보관하고 싶은 욕구가 생기면서 액자를 만들게 되었다. 액자를 만들기 위해 나무를 원하는 크기로 자르고 다듬어 색깔을 입히는 과정을 겪으며 목공에 관한 공부, 그리고 공구를 활용하는 기술도 배우게 되었다. 또한 멋진 글씨를 써넣은 종이의 여백에 붉은 인주로 낙관을 찍어 보니 캘리그래피의 멋을 한층 더하게 되었다. 다양한 낙관용 돌을 구입해 칼로 이름을 새기는 작업도 하게 되었다.

캘리그래피와 액자 그리고 낙관을 퍼즐 맞추듯 조합하면 하나의 작품이 탄생되게 된다. 생각의 퍼즐은 아마도 이런 것 아닐까 생각된다. 빅데이터와 관련된 기술의 영역에서 수집, 저장, 처리, 분석이라는 다양한 기술 요소에 수많은 소프트웨어로 둘러싸인 에코 시스템을 우리는 빅데이터 시스템이라 정의한다. 이러한 기술을 조합하여 효율적인 데이터 플랫폼을 만드는 것 또한 시스템 아키텍처가 아닐까 한다.

지금까지 살아온 과정을 뒤돌아 보면 아마도 다른 사람과 유사하지 않을까 하는 생각도 들 것이다. 하지만 하나 하나를 퍼즐 조각처럼 바라본다면 그렇지 않다. 자신의 미래 목표를 퍼즐 조각처럼 만들고 다시 조합하면 생각의 전환에 큰 도움이 될 것이다.

우리는 이와 같은 생각의 모음을 생각의 퍼즐이라고도 한다. 생각의 퍼즐을 조합해 하나의 그림을 완성한다. 이 그림은 비즈니스 모델이 될 수도 있고 하나의 제품일 수도 있을 것이다. 예를 들어 한 사람이 무엇을 검색한다고 하자. 이는 빅데이터 관점에서 보면 물건을 구입할 좋은 신호라고 본다. 이러한 데이터를 기반으로 추천과 빈도, 깊이를 분석하게 되고 여기에 알고리즘을 통하면 최적의 광고 효과를 창출할 수 있게 된다. 검색이라는 작은 행위를 하나의 퍼즐 조각으로 인식하고, 이를 통해 파생되는 것이 무엇인지 도출하게 된다면 결과적으로 최적의 광고 효과를 나타낼 수 있는 비즈니스 모델이 될 것이다. 검색, 데이터, 알고리즘을 통해 광고로 연계되는 퍼즐이 완성되는 것이다.

마치 생물학과 항공학 그리고 우주공학이 합쳐져 인공 해파리를 생산하고 이를 질병 치료에 적용하는 것처럼, 다양한 과정을 거쳐 구체화되는 것이 창의적 비즈니스 모델의 시작인 것이다. 비즈니스 환경이 빠르게 변하고 경쟁이 치열해지는 요즘 같은 때가, 생각의 충돌을 통해 비즈니스를 선점할 수 있는 획기적 혁신을 만들기 좋은 기회라 할 수 있다.

혁신과 전략

하루가 다르게 발전하는 비즈니스 세계에서 고객의 어려운 점을 듣고 있다 보면, 나는 정해져 있는 비즈니스 굴레에서 크게 벗어나지 못하고 있다는 생각이 든다. 새로운 혁신이 탄생하기 위해서는 눈앞에 보이는 것을 있는 그대로 보는 것이 아닌 굴절된 시각으로 보는 관점도 필요하기 때문이다. 왜냐하면 우리는 언제나 새로운 것을 바라보아야 하기 때문이다.

3D 프린팅이라는 보편적인 기술이 있다. 3D 프린팅 산업은 미래에 콘텐츠 비즈니스로 발전할 것이다. 다양한 도면만 있다면 3D 프린팅을 통하여 제품을 손쉽게 만들 수 있기 때문이다. 4차 산업혁명 시대는 소비자의 요구가 워낙 다양하다 보니 다품종 소량생산의 시대로 불린다. 3D 프린팅에 사용되는 소재가 발전하면 그 부가가치는 무한대로 커질 수 있다. 인공 피부, 장기 등에 활용하면 의료 분야에서도 획기적인 발전을 이룰 수 있기 때문이다.

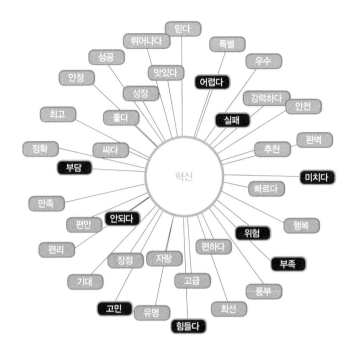

혁신에 대한 네트워크 워드 클라우드
* 최근 20만 건의 빅데이터 분석

하드웨어와 소프트웨어 기술은 빠르게 발전하고 있다. 이미 만들어진 기술만 이용하더라도 혁신은 우리 주위에 널려 있는 것이 현실이다.

그렇다면 혁신은 무엇을 통해서 발전하는가? 지금의 혁신은 기술의 속도, 다양한 융합 그리고 수요자가 만들어 가는 것이다. 그것을 개발하는 개인 또는 기업의 전유물이 아니다. 기술이 너무 앞서가도 혁신이라고 말할 수 없다. 수요자가 아직 그것을 원하지 않기 때문이다.

속도 측면에서 1522년 마젤란은 지구 한 바퀴를 도는 데 3년이라는 시간이 걸렸다. 1969년 아폴로 10호는 1시간이 걸렸다. 기술 진보에 따라서 소요되는 시간이 빠르게 바뀌는 것을 볼 수 있다. 이러한 시간 변화에 따라서 생성되는 데이터의 양도 기하급수적으로 늘어나고 있다.

원시 시대에는 날카로운 돌을 이용해 동굴 벽면에 그림을 그려 의미를 전달하는 것이 전부였다. 하지만 지금은 모든 일들이 손톱 만한 카메라에 담겨 동영상이라는 형태의 데이터로 무수히 생성되고 있다. 인간에게 일어나는 일들을 동굴 벽에 새겨 넣어 지금의 동영상 1분짜리 분량 데이터를 전달하는 게 가능할까? 혁신은 이렇게 속도를 수반하여 다양한 영역이 융합되어 창조되는 것이다. 기술 진보에 따라 인간의 대역폭이 기하급수적으로 증가하는 것, 이것이 혁신이다.

그럼 전략과 혁신 중 무엇이 먼저일까? 세계적 신용평가사인 스탠다드 앤 푸어스S&P 사에서 제공하는 S&P 500 기업의 평균 수명이 1990년대에는 50년이었다고 한다. 하지만 2010년 기업의 평균 수명은 15년이다. S&P 500 기업은 세계 최고의 기업이라고 할 수 있다. 그곳에 등록된 기업의 수명이 하루가 다르게 짧아지고 있다. 이는 기업의 전략이 빠르게 변화하고 있다는 것을 의미하며, 또한 전략보다는 혁신의 비중이 더욱 커지고 있다는 것을 의미한다.

전략은 기업의 목표를 이루기 위한 장기적인 방법을 의미한다고 할 수 있다. 하지만 지금처럼 빠른 변화를 요구하는 때에는 장기적 관점의 전략이 종종 무의미할 수도 있다. 기존의 것을 과감하게 바꾸는 생각의 전환, 즉 파괴적 혁신이야말로 지금의 시대를 살아가는 생존 전략이 아닐까.

CHAPTER 3
정리의 글

빅데이터 시대의 전략은 '모든 의사 결정은 데이터를 중심으로 이루어지며, 모든 전략과 전술은 생성되는 데이터를 통해 만들어져 불확실한 비즈니스 현실 앞에서 새로운 지혜 및 예측을 수반한다'는 것을 그 특징으로 한다.

기업 측면에서의 전략은 내·외적 환경 변화에 기업을 적응하게 하기 위한 정책 또는 다양한 매크로 영역을 포함한다. 기업은 전사적인 목적이나 목표를 설정하고 이를 달성하기 위한 수단을 결정하게 되는데 이를 경영 전략이라고 할 수 있다. 하지만 최종 의사 결정 단계에서는 단순한 경험 및 상황에 의존하게 되므로 주관적인 결정이 될 수밖에 없는 태생적 특성을 가지고 있다.

전략은 단기적인 전술에 비해 장기적인 특징을 가지며, 기업 전체의 미션과도 어느 정도 맥을 같이 하고 있기 때문에 거시적인 기업 환경 변화에 적응하도록 하는 정책을 포함하고 있다. 그렇기 때문에 기업의 비즈니스 경험 및 기업 외부에 대한 방대한 정보를 필요로 한다.

효과적인 데이터 전략을 실행하기 위해서는 다음과 같은 전환이 필요하다.

첫째, 데이터 중심적인 전략으로 전환

둘째, 데이터에 기반한 순환적 구조 지향

셋째, 빅데이터 전략을 실행하기 위한 외부적 요소, 즉 빅데이터 확보

넷째, 데이터의 가치를 인정하고 그 사용에 대한 법률적 이해와 전략적 접근 방법 모색

지금까지는 대량 생산의 토대에서 만들어진 사회 시스템과 규범 그리고 교육 환경 등이 고착화되어 있어 전략을 실행하는 데 장애 요소가 많았다. 하지만 익숙한 생각의 틀에 인문학적·창의적 사상을 융합하면 지금까지 볼 수 없었던 새로운 시각이 가능해진다. 그렇게 된다면 다양한 분야의 지식과 경험이 인간 내면의 감성과 융합해 창의적 생각과 전략이 탄생할 수 있을 것이다.

지금처럼 빠른 변화를 요구하는 때에는 장기적 관점의 전략이 종종 무의미할 수도 있다. 기존의 것을 과감하게 바꾸는 생각의 전환, 즉 파괴적 혁신이야말로 지금의 시대를 살아가는 생존 전략이 아닐까.

◆ ◆ ◆

In the era of data technology, data is at center of every decision-making process, and all strategies and tactics are made through the generated data leading to new wisdom or prediction in today's uncertain business reality.

From a corporate perspective, a strategy entails figuring out how a company can adapt to changes in the internal and external environments such as implementations of certain new policies or other macroscopic measures. The process of which a company attempts to achieve a certain goal or objective is what we call management strategy.

However, in many cases, companies just depend on past experiences and circumstances in the final decision-making stage which leads to subjective decision.

In addition, a strategy has long-term characteristics as opposed to just short-term tactics, and because it is somewhat aligned with the overall mission of the enterprise, it includes policies that would help a company adapt to changes in the macroscopic environment. This is why it requires vast amounts of information about the company's business experience and the outside world.

In order to implement an effective data strategy, the following changes are required.

First, transform to a data-centric strategy

Second, aim for a circular structure based on data

Third, acknowledge and secure external factors to decision-making, that is, obtain and utilize Big Data

Fourth, recognize data as a valuable asset, understand the legal aspects of using such data and come up with a strategy for approaching such data.

Until now, there have been many obstacles to the implementation of the strategy in today's social systems and norms created on the basis of mass production environment and educational system. However, combining humanities values and creative thoughts may enable new perspectives. Should that happen, knowledge and experiences from various fields can be fused with human emotion and knowledge, leading to creative thoughts and strategies.

In today's rapid changing world, perhaps the notion of having a long-term strategy could be meaningless. I am of the view that that our only means of survival going forward may be to advance innovation based on bold initiatives?initiatives bold enough to disrupt society.

CHAPTER 4

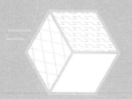

연결

주집필자_ 문영상

하늘에서 무리 지어 이동하는 철새 떼를 본 적이 있을 것이다. 철새 떼는 V자, W자 등 다양한 패턴을 이루며 하늘을 날아 한 마리의 낙오도 없이 생존을 위해 먼 거리를 비행한다고 한다. 이러한 철새의 비행 패턴은 종을 지키기 위해 더 없이 중요한 본능일 것이다.

다양한 비행 패턴을 통하여 효율적으로 비행함으로써 에너지의 약 15~30% 정도를 절약하게 되고 이렇게 절약된 에너지를 멀리 비행하는 데 쓰게 된다. 뿐만 아니라 다른 철새 무리들의 침입도 효율적으로 방어할 수 있게 되어 이동 상의 장애를 피하는 데 도움이 된다. 이러한 비행 패턴은 일찍부터 인간이 이용하고 있기도 하다. 전투기의 편대 비행이 한 예다. 오랜 경험을 통하여 가지게 되었을 철새의 본능적 행동 패턴은 곧 자연의 본능이란 점에서 인간보다 위대해 보인다. 수 많은 철새 각각의 종이 노드로 연결되어 단일 네트워크 유기체를 이루는 것은 종을 보호하고 생명을 유지하는 중요한 요소라 할 것이다.

이제 인간 세계를 보자. 어떤가? 도로 위 차량들은 서로 충돌하고 정체 및 혼잡을 반복하며 신호 체계, 교통법규 등에 의한 다양한 패턴을

새의 이동 패턴 및 도시의 이동 패턴

만들어낸다. 인도 위의 보행자 또한 각종 범죄, 사고 등의 무질서한 패턴을 가진다.

평범한 도시인의 하루를 철새의 행동 패턴과 비교해 보자. 서울에 거주하는 김미래 씨는 평범한 40대 직장인이다. 스마트폰 알람으로 잠에서 깨어 씻고 아침을 먹은 후 서둘러 집을 나선다. 김미래 씨의 직장은 교통 정체가 극심한 서울 한복판 광화문이라 지하철을 이용하는데, 지하철역까지는 늘 같은 길을 걸어서 간다. 출근길에 수십 개의 폐쇄 회로 CCTV에 노출되지만 공공 목적인지라 별 신경을 쓰지 않는다. 지하철역 개찰구를 통과할 때는 지불 기능이 있는 스마트폰 앱이나 신용카드로 결제한 후 플랫폼으로 향한다. 잠시 기다리는 동안 디스플레이의 지하철 도착 정보를 힐끔힐끔 보며 스마트폰으로 뉴스를 읽고 문자 메시지나 메신저를 확인한다.

사무실에 도착하자마자 컴퓨터를 켜고 메일을 읽는 등 일과를 챙기기 시작한다. 업무용 메신저를 실행시키는 것도 잊지 않는다. 어느덧 바쁜

오전을 보내고 동료들과 함께 점심을 먹으러 근처 식당으로 이동한다. 이런저런 업무와 관심사들을 이야기하며 점심을 먹은 후 다시 사무실로 와 분주한 오후를 보내던 중 갑자기 협력사의 회의 요청이 들어와 하던 일을 정리한 후 회의 장소로 향한다. 달리는 택시 안에서도 내비게이션 앱, 주식 시세 보는 것을 잊지 않는다. 거래처에 도착해 긴급 회의를 마친 후 회사로 돌아온 김미래 씨는 접어 두었던 일들을 다시 펼쳐 들었다. 눈 앞이 깜깜하다. 저녁도 거른 채 잔무를 처리하느라 여념이 없다. 내일 아침에 있을 회의 자료 취합을 끝내 두고 혹시 저녁 약속이 없었는지 확인 후 퇴근한다.

집에 와 늦은 저녁을 먹고 잠자리에 들 때까지 오늘의 주식 시황을 보고 아이들 장난감을 쇼핑하는 등 잠시도 스마트폰을 놓지 않은 가운데 하루를 마감한다. 스마트폰이나 ICT 기기들이 삶의 대부분이 되어 버린 것이다.

김미래 씨의 하루는 철새 떼가 따뜻한 곳으로 이동할 때 보인 본능적 비행 패턴을 연상케 한다. 하지만 하루 중에 일어난 모든 행위는 데이터로 만들어지고 그 데이터는 어딘가에 수집·저장된다. 경우에 따라 어떤 국가나 기업은 이러한 데이터를 이용해 개인의 정치·경제·사회·문화적 취향을 분석하는 것은 물론이고 여러 상황에서 개인이 향후 나타낼 행동 패턴까지 예측할 수 있다. 각 개인은 손수 만든 사진, 동영상 등을 소셜미디어에 공유함으로써 많은 사람들과 다양한 네트워크를 형성하기도 한다.

자신도 모르는 사이에 우리와 우리가 속한 사회에 관련된 수많은 데이터를 직·간접적으로 만들어 내는 데이터 생산자가 되어 버린 것이다. 우리의 모든 삶과 행위가 데이터로 기록되고 이러한 데이터가 재생산되어 지식이 되며 다시 지혜로 만들어지는 현실. 이것이 데이터 테크놀로지 시대라고 해도 무방한 4차 산업혁명의 중심에 서 있는 우리의 모습인 것이다. 집필진은 이를 '데이터의 홍수 시대'라고 이름 지었다.

또한 지금처럼 고도로 정보화된 데이터 테크놀로지 시대의 핵심은 빅데이터와 함께 인간과 사물이 유기적인 매개체가 되어 지능이 만들어지는 스마트한 세상이다. 지금 이 순간도 세계적 기업들은 세계 인구 수만큼 많은 데이터 생산자와 빅데이터를 기반으로 '연결'을 통하여 다양한 플랫폼을 만들고 있다. 그리고 이를 통하여 시장에 대한 영향력 강화와 어마어마한 이익을 추구한다.

'연결'은 어떤 대상을 다른 대상과 서로 이어서 관계를 맺는 것을 의미하며, 이 연결을 통해 우리가 상상하지 못했던 새로운 세상이 만들어지고 있는 것이다. 그렇다면 빅데이터에서 연결이 왜 중요한 걸까? 지금부터 한 걸음씩 그 답을 찾아보도록 한다.

연결의 이해

왜 우리는 지금의 사회를 데이터 중심 사회라고 부를까? 이를 이해하기 위해선 전 세계 경제 패러다임이 제품의 경제Product Economy에서 구독의 경제Subscription Economy로 급격하게 이동하는 현상에 주목해야 한다.

구독의 경제란 고객의 요구에 의해 만들어진 다양한 제품이 필요에 의해서 다양한 빅데이터를 보유한 기업, 즉 플랫폼 기업을 통하여 임대 또는 리스 방식으로 전달·사용되는 것과 연관된 모든 비즈니스 활동을 의미한다.

이러한 경제구조 변화에 발맞춰 오늘날 세계적인 기업들은 빅데이터 기반의 수많은 객체들로 구성된 대규모 링크를 보유한 혁신적인 플랫폼으로 무장하고 있다. 그리고 이를 통해 경제 활동의 중심이 되고 있다. 대표적으로 구글, 아마존, 우버, 에어비엔비 등과 같은 글로벌 기업이 있으며, 이들 기업의 특징은 빅데이터를 기반으로 플랫폼화되어 있는 비즈니스 모델을 가지고 있다는 것이다.

이러한 혁신적인 기업 비즈니스 모델의 중심에는 연결Connect이라는 키워드가 숨어 있으며, '세상의 모든 객체가 연결된다'는 구조가 내재되어 있다. 'Connect'는 'Con(함께)'와 'Nect(잇다)'가 합쳐져 만들어진 말로, 연결의 모수母數가 많아질수록 더욱 정교하고 강력한 힘을 발휘하게 된다. 인간과 인간, 인간과 사물, 사물과 사물이 함께 관련성을 가지는 것을 의미한다.

모든 정보는 데이터에서 시작된다. 데이터는 팩트이며 사실 그 자체를 의미한다. 생성된 데이터는 또 다른 데이터와 상호 연결되고 연결된 데이터는 정보로서 가공된다. 데이터는 능동적, 임의적으로 생성되는 특징을 가지고 있으며 연결의 관점에서 정보Information와 가짜 정보DisInformation로 가공이 된다. 정보는 정보로서의 가치가 있는 것을 의미하며 가짜 정보는 정보로서의 가치가 없는 허위 정보를 얘기하는 것이다.

이러한 데이터는 연결성을 통해 다른 데이터와 융합을 거치면서 사실 또는 예측이 왜곡되어 가공되는 '지식의 왜곡 현상'도 수반하곤 한다. 그래서 인터넷상에서 만들어지는 많은 데이터에 대해 '연결'이라는 관점에서 해석하는 객관적인 시각 또한 필요하다고 하겠다.

연결의 속성

연결은 노드와 허브 같은 네트워크적 속성이 있다. 때로는 군집Clustering, 분산Distribution, 응집Cohesion과 같은 속성도 가진다. 수 많은 빅데이터 속에서 이와 같은 네트워크적 속성을 분석하고 활용하여 예측하는 것이 빅데이터 분석이며, 이는 인공지능 기술 또한 마찬가지다. 세상의 모든 개체는 연결의 의미를 재해석함으로써 이해할 수 있게 되며, 정치, 경제, 사회, 문화, 산업 등 다양한 분야에서 연결의 분석을 통해 의미를 파악할 수 있게 된다.

연결의 속성에 대해 좀 더 자세히 알아보자.

첫째, 군집은 일정한 범위 또는 영역 내에 관계하는 모든 개체군들의 집합을 의미한다. 다시 말해 특정한 개체 간에 유사성이 높은 부분을 분류하고 이를 분석하여 특정 영역에 포함되는 대상을 말하는 것이다.

여기에 페르소나와 같은 기법을 통하여 특정 모집단의 거래 패턴, 부실 예측, 타깃 마케팅 등과 같은 다양한 영역에서 활용이 가능하다. 특정 기업이 생산하는 제품 또는 서비스를 선호하는 고객 군이 반드시 있을 것이다. 고객이 선호하는 제품 군이 잘 포지션되어 있을 때 기업 또는 조직 또한 성장할 수 있을 것이다.

특정한 군집 내에 존재하는 데이터 간에는 다양한 상호작용이 존재하는데, 다음과 같은 속성을 가진다.

① 데이터의 경쟁 Competition
② 데이터의 공생 Symbiosis, Cooperation
③ 데이터의 기생 Parasitism 속성을 가진다.

첫째, 데이터의 경쟁은 원천 데이터의 세트 가운데 속해 있는 데이터 간의 관계가 대등하거나 서로 비슷한 것을 의미한다. 경쟁에는 대립의 의미도 있지만, 긍정적으로는 결합을 의미하기도 한다. 데이터는 따로 분리해 놓으면 의미가 없어지는 쓰레기에 불과하다. 이러한 면에서 데이터의 경쟁은 매우 중요한 의미를 가진다.

둘째, 데이터의 공생은 일종의 이타주의^{利他主義}와 비슷한 특성을 가지고 있다. 데이터는 다른 데이터와 연결되어 있어야만 의미가 있는 정보로 재탄생된다. 아주 작은 데이터 세트라고 하더라도 데이터의 중심이 되는 허브에 일정 부분을 더하면 의미 있는 형태로 다시 만들어진다. 이를 데이터의 공생이라고 정의할 수 있다.

셋째는 데이터의 기생이다. 수많은 데이터 세트 중 특정 데이터는 중심이 되는 부분과 연결된 모습이 공생과 비슷해 보이지만 이와는 차이가 있다. 데이터의 기생은 데이터 자체의 의미에 있어 긍정적인 부분과 부정적인 부분이 동시에 존재한다. 여기서 긍정적이라는 건 '정보로서 의미가 있는 것'을 나타내며 부정적인 부분은 '정보로서 의미가 없는 것'을 나타낸다. 이렇게 '의미가 있는 요소'를 찾아내는 것이 데이터 과학의 기본이라 할 수 있다.

세 가지의 데이터 속성 측면에서 보면 데이터는 상호 관련이 매우 중요하다는 것을 알 수 있다. 이를 생물학적인 연결의 의미로 대입해 보면 이해하기가 매우 쉽다.

수 많은 동식물의 무리들이 상호 연관되어 의미 있게 살아가는 것을 예로 들어보자. 많은 동식물 개체들은 먹이사슬 속에서 각자의 삶을 영위한다. 때로는 경쟁하고 때로는 상호 의존하면서 삶을 영위하는 것이 생명체의 속성일 것이다. 이러한 의미에서 상호 의존하는 것을 '공생'이라 부른다. 반면 기생은 부정적인 측면을 포함한다. 가장 흔한 예로 기생충을 들 수 있겠다. 하지만 닥터피쉬 또는 반려동물 등이 인간의 삶에 기생하면서도 사람의 마음을 안정시키고 치유하는 효과를 주는 것은 기생의 긍정적인 면이라고도 볼 수 있다.

과학 기술이 발전할수록 우리의 삶이 연결되는 '초연결 사회'에 한층 더 깊숙이 다가가고 있다. 대표적으로 인공지능이 초연결을 통해서 만들어지는 산물이다.

연결의 요소

연결의 최소 단위는 쌍 또는 커플링Coupling이라고 부르며, 서로 연결이 될 때 관계로 발전하게 된다. 이러한 관계는 서로 어떠한 의미를 가지게 되며, 시계열적으로는 '나열'이라 할 수 있다. 무엇이 다른 어떤 것과 서로 연결되어 얽혀 있는지를 밝혀낸다면 그 자체만 가지고도 많은 비즈니스 서비스 모델을 창출할 수 있다.

더 많은 고객과 연결되어 있을 수록 매출 또는 영향력이 커지게 되는 것이 플랫폼 기업들의 속성이다. 숙박 공유 플랫폼인 에어비엔비, 모빌리티 플랫폼인 우버, 중국의 차량 공유 플랫폼인 디디추싱, 유통업 및 클라우드 서비스인 아마존 등이 대표적인 사례이다. 그렇다면 이러한 플랫폼에서 빅데이터적 측면의 연결 요소는 어떤 것이 있을까?

연결은 둘 이상의 유전적인 인자가 같은 염색체 안에서 함께 존재하는 현상으로 비유되기도 한다. 여러 대상들이 서로 연결되어 구체적인 현상을 만들기도 한다. 작가의 많은 고민을 통해 단어가 나열되고, 나열된 단어는 의미 있는 문장이 되고, 문장과 문장이 연결되어 한 권의 책이 만들어지는 것과 같은 이치다.

하나의 원천 데이터 세트가 있다고 하자. 데이터 세트는 흔히 데이터 베이스에 들어 있는 수많은 데이터를 의미하기도 하고 각종 SNS나 블로그처럼 일상에서 발생한 일련의 능동적인 데이터이기도 하다. 그러한 데이터는 이미지, 동영상, 음성, 텍스트 같은 다양한 형태일 수 있다. 이러한 데이터는 다양한 형태의 비정형 데이터 속성을 가지고 있기도 하며 정형적인 데이터 속성 또한 가지고 있다.

첫째, 연결을 이루는 가장 기본적인 요소인 노드^{Node}에 대해 알아보자. 오늘 있었던 의미 있는 일들 중 하나를 선택해 SNS에 기록한다면, 업로드한 사진과 텍스트가 연결되어 그날의 특정한 일을 소개하고 의미를 부여하는 내용들로 채워지게 된다. 그 하나 하나의 객체가 노드다. 노드는 마디라는 의미로도 해석이 가능하지만 전체를 이루는 객체 하나하나를 의미하기도 한다. 연결의 가장 기본적인 요소라 할 수 있다.

노드를 파악하는 것은 원천 데이터 이해의 기본이며, 수 많은 데이터 사이에서 노드를 정의하고 파악하는 것이 연결성을 찾는 매우 중요한 작업 중 하나다. 노드를 데이터의 구성적인 요소로 바라본다면 가장 중심이며 핵심이라고 정의할 수 있다.

둘째로 링크라는 요소가 있다. 링크는 노드를 연결시켜 주는 일종의 연결선을 의미한다. 이러한 링크가 많이 존재한다면 데이터를 분석하는 데 있어 이상적인 결과치를 만드는 것이 어렵다. 잘 정제되고 가공된 데이터 속에서 링크는 좀 더 명확하게 만들어질 수 있다.

하나의 노드에서 1:1, 1:N, N:1, N:N 같은 형태의 연결이 만들어 질 수 있다. 1:1 노드의 연결에서는 해당 노드가 각각 하나씩만 연결되기 때문에 데이터가 미칠 수 있는 영역이 매우 작을 것이고, 정확한 결과치를 얻을 수 있을지는 몰라도 보다 포괄적인 결과치를 얻기는 어려울 것이다. 그래서 더 많은 데이터를 이용하여 1:N, N:1 또는 N:N 과 같은 링크를 만들면 보다 포괄적인 결과를 얻을 수 있다. 이러한 부분이 페르소나 같은 형태의 분석을 할 경우에 많이 활용된다.

수많은 데이터 사이에서 연결성을 찾고 그 결과를 통하여 정교한 분석을 하는 것이 우리가 말하는 진정한 데이터 과학의 첫 번째 단계다.

셋째, 데이터의 영역이 있다. 연결되는 데이터를 통하여 각 노드의 연결성을 분석하였다면 그 다음은 각 데이터가 위치하고 있는 영역을 파악하는 것이다. 단순히 통계적·수학적인 영역에서 분석을 한다면 아마도 공통적인 결과가 나올 것이다. 예를 들어 국어, 영어, 수학을 시험 본 학생이 두 명 있다고 가정해보자.

두 학생 중 A라는 학생은 국어 100점, 영어 100점, 수학 40점을 받았고 B라는 학생은 국어 40점, 영어 100점, 수학 100점을 받았다. 이 두 학생은 공통적으로 총점 240점과 평균 80점을 받아서 객관적으로 보면 두 학생 간 차이가 없어 보인다.

이러한 결과를 데이터적인 영역으로 보게 된다면 우리가 미처 보지 못했던 새로운 상황을 접하게 된다. 두 학생과 국어, 영어, 수학은 각각 노드로 정의할 수 있으며 각각 취득한 점수를 링크로 연결하게 되면 객관적인 사실이 통계치로 나타나는 것을 볼 수 있다. 이것을 통해서 각 학생의 학습 방법이나 취약한 과목을 알게 되어 총점과 평균은 같지만

구분	국어	영어	수학
A학생	100	100	40
B학생	40	100	100

통계적·수학적 영역에서의 분석

데이터적 영역에서의 분석

각각 취약한 과목에 대한 학습 방법은 각기 다른 대책이 마련되어야 할 것이다.

매크로적인 분석으로는 두 학생 모두를 포함한 점수의 전체 총점과 평균을 보는 것이다. 예를 들어 학교 전체 또는 반 평균 등이 이 부분에 포함될 수 있다. 하지만 마이크로적인 시각으로 들어가게 되면 개별 학생들 각각의 과목당 성적을 보게 되는 것이라 이 두 가지 요소를 합치게 되면 전체에 대한 의견과 학생 개개인의 성적을 함께 볼 수 있다.

데이터적 관점에서 국어, 영어, 수학 등의 점수와 함께 평균 점수 및

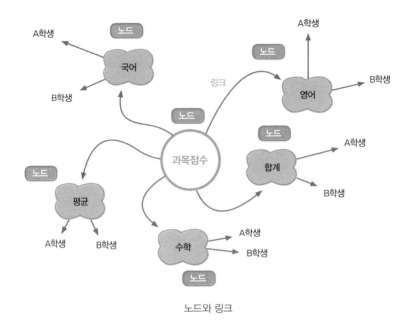

노드와 링크

총점은 각각의 노드로 정의할 수 있다. 각 노드가 연결되는 것이 링크다.

그러면 각 노드에 해당하는 값들이 분포되어 있는 영역이 존재할 것이다. 영어는 두 학생 모두 100점을 받았기 때문에 해당 영역에 분포하게 된다. 데이터는 특정 영역에 분포되는 특징을 가지고 있으며, 다양한 형태의 비정형 데이터 역시 특정 영역에 분포되어 이것을 이탈하게 된다면 시각화를 통해 이 부분의 패턴을 볼 수 있다. 빅데이터 속에 있는 데이터를 잘게 쪼개어 보면 특정 영역에 몰려 있는 군집의 형태를 발견할 수 있을 것이다.

지금까지 간단하게 학생의 점수를 통하여 연결의 요소에 대해서 알아보았다. 기업 입장에서 보면 고객과 연결을 통해 긍정적인 관계를 맺어야만 구매로 이어질 수 있다. 연결이 많을수록 많은 고객을 보유한 것이고, 이에 따라 매출 또한 상대적으로 커질 수 있기 때문이다. 그렇기 때문에 다양한 방법을 통해 고객 데이터를 확보하는 것에 많은 비용을 소비하고 있는 것이다. 제품이라는 노드와 고객이라는 노드 간 연결의 깊이를 굳건하게 하고, 양적으로도 보다 많이 연결하는 것이 가장 중요한 마케팅 포인트일 것이다.

연결과 통찰력

사물 인터넷 기반의 기술이 고도로 발전하고 있고, 이를 통한 디지털 기기의 혁신으로 우리는 다양한 데이터를 생성하면서 소비도 하는 주체가 되고 있다. 데이터는 생성 관점에서 크게 두 가지의 속성을 가지고 있다. '생성되는 데이터'와 '생성된 데이터'다.

생성되는 데이터는 개인이 인위적으로 생성하여 저장하는 형태의 데이터이다. 누군가가 논리적으로 구성해 놓은 다양한 구조에다 데이터를 인위적으로 생성하여 더해 넣는다. 즉 각종 포털, SNS 등의 논리적인 프레임 안에 개개인이 인위적으로 생성해 넣은 데이터를 의미한다. 이러한 형태의 데이터는 수 많은 사람들이 자기만의 생각과 논리적 의미를 차곡차곡 쌓아 놓는다면 매우 거대한 양이 될 수 있다.

이러한 데이터를 모아서 다른 사람들에게 노출한다면 '정보의 양은 많고 깊이는 없는 속성'을 가진 독특한 형태의 데이터 세트를 이루게 된다. 앞서도 언급했지만 리처드 얼린은 현대인(스마트 기기를 활용하기 시작할 때부터의 인류)이 하루 평균 신문 170여 쪽에 해당하는 방대한 양의 정보를 접하고 있다고 한다. 이는 정보의 양은 매우 많은데 깊이는 매우 얕다는 것을 의미한다. 매우 많은 전화번호를 가지고 있지만 실제 외우고 있는 전화번호는 몇 개에 불과하다는 것이다. 정보의 양과 깊이를 나타낸 전형적인 사례일 것이다.

뿐만 아니라 디지털 경제, 데이터 기술의 시대를 살고 있는 현대인은 텍스트 위주의 방대한 정보 중 약 20%만을 읽고 받아들이며, 나머지는 자의든 타의든 기억에 남기지 않거나 버리고 있다고 한다. 짧은 글은 인간이 쉽게 이해할 수 있지만 긴 글에 대한 인지 능력은 점점 떨어지고 있다는 것을 단적으로 표현한 것이다.

이렇듯 다양한 데이터가 가공되어 정보로 만들어진다면 우리가 접하고 있는 많은 정보에 대한 분석과 데이터 패턴화, 즉 시각화가 더욱 중요해질 것이다. 비즈니스에 데이터를 융합하여 새로운 서비스를 탄생시키기 위해서는 다양한 빅데이터 기반의 전략이 있어야 한다. 새로운 고객의 확보와 비즈니스 성장을 위해 데이터는 필수적인 것이며, 이러한 고객 플랫폼을 확장하기 위해서는 첫째, 고객을 이해하고 둘째, 새로운 서비스를 창출하며 셋째, 이로 인한 데이터적 신뢰를 얻어야 한다.

이것은 비즈니스를 위한 데이터 분석뿐 아니라 사람을 이해하기 위한 데이터 분석으로도 발전해야 한다는 것을 의미한다.

통찰력이란 무엇인가?

　세상은 끊임없이 생성되는 데이터에 의해 움직이는 거대한 유기체이며, 데이터는 유기체에 생명을 불어넣어 주는 혈액과 같다. 디지털 시대의 중심에는 데이터가 있다.

　데이터는 모두 연결되어 있고 그 연결의 중심에는 허브가 존재하며 그 허브는 인터넷을 통해 물리적·논리적으로 서로 연결된다. 이렇게 연결된 데이터에 노드와 입력, 출력, 가중치를 더하여 패턴을 만들 수 있으며 이렇게 만들어진 패턴을 통해 통찰력을 가질 수 있게 된다. 통찰력은 인공지능 기반의 서비스를 만들어 나가기 위한 핵심 요소다.

　패턴은 다음과 같이 해석할 수 있다.

　첫째, 발생한 데이터는 분석을 통해 흐름을 파악할 수 있게 되고, 이는 대응 또는 예측 활동으로 이용된다.

　둘째, 데이터의 중심은 허브이며, 이러한 허브는 우리가 이루려는 목표의 중심이 된다.

　셋째, 이렇게 발생된 네트워크는 허브와 패턴이 존재하게 되며, 이는 자연과 인간도 동일하게 적용된다.

　넷째, 패턴을 통해 비즈니스 시나리오를 입히게 되면 혁신적인 서비스 또는 상품이 만들어진다.

　구글, 아마존, 페이스북, 우버, 링크드인, 테슬라 등이 이러한 모델을 기초로 서비스를 창출한 혁신적 기업들이다. 이외에도 국방, 금융, 보험, 게임, 제조 등 다양한 분야에서 새로운 서비스 모델 활용이 가능하다. 제품과 제품, 제품과 서비스, 서비스와 서비스 이 모든 것이 연결되는 초연결 사회가 다가온 것이다.

패턴이란 무엇인가?

패턴은 데이터를 기반으로 가공된 정보가 의미 있는 가치로 다시 만들어져 비즈니스에 활용되는 것을 의미한다. 패턴은 데이터가 어떻게 살아 움직이는지를 나타낸다.

특히 패턴은 딥러닝의 지도 학습에 매우 중요한 역할을 하고 있다. 바둑의 다양한 기보, 자율주행자동차의 운행, 의료용 로봇의 외과 수술, GPS 정보를 활용한 드론의 운행, 보험이나 금융 분야에서의 사기 방지 시스템 등 다양한 분야에서 활용이 가능해 그 중요성이 점차 증대되고 있다.

그럼 이제 패턴에 대해서 좀 더 알아보도록 하자. 우리 주위에 만들어지는 모든 활동들은 패턴을 가지고 있으며, 이러한 패턴의 폭과 깊이에 둘러싸여 있다. 패턴의 사전적 의미는 '일정한 형태 또는 유형'이다. 우리의 행동 양식 또한 패턴이라고 할 수 있으며 형태, 양식 등이 만들어내는 반복적, 규칙적인 모든 것들을 말한다. 반드시 지속적인 반복, 대칭으로 구성되는 특징을 가지고 있으며 만약 그렇지 않다면 패턴이라고 할 수 없다. 패턴의 종류는 다음과 같다.

첫째, 자연적 요소의 패턴이다. 자연계에 존재하는 모든 형태를 지닌 사물 및 현상 등을 나타낸다. 예를 들면 나뭇잎, 물, 피부, 공기, 얼음, 새의 비행, 동물의 울음 소리, 햇빛, 어둠, 무지개, 털, 냄새, 자전과 공전 등

자연계를 이루는 모든 것을 자연적 요소의 패턴이라고 정의할 수 있다. 자연계에 존재하는 모든 것이 일정한 패턴을 가지고 있으며 패턴을 가지고 있지 않은 것은 존재하지 않는다.

둘째, 인위적 요소의 패턴이다. 사람이 만들어낸 언어, 문자, 습관, 필적, 노래, 음정, 패션, 문양 등도 패턴이라 정의할 수 있다. 부모로부터 물려받은 유전적 요소인 혈액형, 얼굴 형태, 습관, 성격 등도 패턴이라 할 수 있으며 하루, 한 달, 일 년 등 시간적이고 관념적인 개념, 인간들이 만들어낸 모든 사물 또한 패턴으로 이루어진다.

패턴의 아버지라고 불리는 크리스토퍼 알렉산더는 "패턴은 간단한 룰 또는 공식을 의미하며 해결 방법, 알고리즘, 데이터 구조를 가지고 있지 않다."고 하였다. 이는 데이터에 대한 해석이 필요한 부분이기도 하다.

패턴을 분석하여 통찰력을 얻기 위해서는 이들 간의 연관 관계를 잘 분석해야 할 것이다.

비즈니스적 패턴이란 무엇인가

모든 비즈니스는 패턴 속에서 돌아가고 있다. 기업들은 매일 고객의 제품 구매 패턴, 고객 행동 패턴, 경쟁사의 제품 판매 패턴, 신제품 출시 패턴, 구매 이력 패턴 등 다양한 비즈니스 행동에 대한 패턴을 분석하고 비즈니스에 활용한다.

- 기업적인 측면 : 제품 구매 패턴, 제품 개발 패턴, 판매 패턴, 마케팅 패턴 등

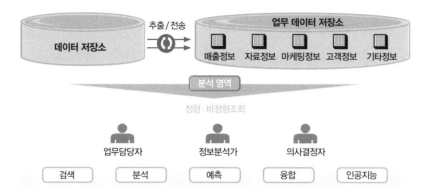

비즈니스적 패턴을 알기 위한 데이터 웨어하우스의 예

　- 고객적인 측면 : 고객 구매 패턴, 행동 패턴, 신용 패턴, 소비 패턴 등

이러한 기업과 고객 패턴을 조금 더 일찍 그리고 정확하게 알 수만 있

다면 기업에서는 많은 도움이 될 것이다. 기업은 이러한 패턴을 알기 위

해 데이터 웨어하우스 등 정보 기술적인 측면에서 많은 노력과 시도를

통하여 적극적으로 활용하고 있다.

　빅데이터를 활용하기 전의 사례를 보자. 기업들은 고객이 구매했던 당

시의 각종 정보를 먼저 들여다보았다. 예를 들면 구매일과 시간, 가격,

제품, 고객 만족도 등이다. 이러한 정보들을 기반으로 고객에게 유사 제

품을 제안하거나 구매하도록 유도한다. 다음 페이지 그림에서 원천 데

이터는 고객의 구매 이력 정보가 될 것이며, 이러한 데이터를 추출·가

공하고 고객 관계 관리 시스템CRM, Customer Relation Ship Management과 연계하

여 구매로 이어질 수 있도록 캠페인을 한다.

　원천 데이터는 기간계 또는 응용 소프트웨어에서 활용하는 업무 측면

| 원천 데이터 영역 | 데이터 변환/정제 영역 | 데이터 통합 적재 영역 | 사용 영역 |

원천 데이터에서 고객 데이터를 추출하는 과정

의 데이터를 의미하며, 필요한 데이터를 추출해 임시 데이터베이스에 적재한 후 다시 특성에 맞게 추출과 변환 작업을 거쳐 통합 데이터베이스에 저장·활용한다. 이러한 데이터베이스를 데이터 웨어하우스라고 하는데 여기에 적재된 데이터, 즉 정보계에 적재된 데이터는 다시 업무 목적에 맞도록 데이터 마트에 적재한다. 이러한 일련의 과정은 ETL라는 작업을 통해서 진행한다. ETL은 추출Extract, 전송Transform, 적재Load를 뜻하며, 미리 정해진 형태로 데이터를 추출해 전송 및 적재하는 소프트웨어 내지 공정을 의미한다. 또한 이 과정에서 데이터 마이닝 등을 거쳐 의미 있는 정보로 재생산한다.

사실 이러한 과거 데이터는 이미 일어난 일을 분석하는 것이기 때문에 고객의 현재 상태와는 많은 차이가 존재한다. 따라서 활용적인 측면에서 비용 대비 효과가 그렇게 크지 않았다. 하지만 빅데이터 시대인 지금은 과거와 다르게 고객의 패턴을 알기 위한 다양한 데이터가 능동적으로 무수히 생산되고 있다. 기업들은 이러한 데이터들을 토대로 소셜 분석, VoC Voice of Customer (고객의 소리) 분석, 오피니언 분석, 기계 학습, 딥 러닝 등 다양한 분석 기법을 이용해 고객에 대한 통찰력을 얻기 시작하

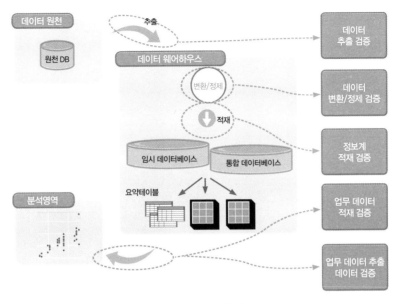

원천 데이터 처리의 예

였다.

'인공지능'라는 키워드를 통해 네트워크 워드 클라우드를 구현한 사례를 보자. 이러한 워드 클라우드를 이용해 각종 SNS에서 대다수의 사람들이 무엇을 생각하는지 미리 확인하고 선제적으로 서비스와 제품을 기획하는 사례가 늘고 있다.

키워드를 분석해보면 SNS나 블로그 등 다양한 매체에서 인공지능 및 그 연관어를 통해 실제로 다양한 부분과 연결되는 것을 확인할 수 있다. 원천 데이터가 많을수록 더 심층적인 분석이 가능하다.

기업의 모든 의사 결정은 데이터를 기반으로 진행된다. 앞으로는 기업

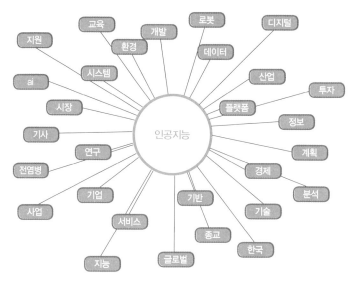

'인공지능' 키워드를 통한 빅데이터 분석의 예

활동과 관련된 모든 비즈니스 전략과 전술이 데이터를 중심으로 시작될 것이다. 그렇기 때문에 얼마만큼 경쟁력 있는 데이터를 소유하고 있는지, 이를 분석할 데이터 과학자를 소유하고 있는지 등이 기업의 미래를 좌우할 것이다.

연결과 플랫폼

게임 회사의 광고에서 "다운로드 받으세요."라는 문구를 흔히 볼 수 있다. 실제로 다운로드를 받으면 각종 무료 서비스를 이용할 수 있다. 하지만 좀 더 좋은 서비스를 받기 위해서는 비용을 지불해야 한다. 기업은 고객이 일단 다운로드를 받게 하기 위해 많은 마케팅 비용을 지불한다. 그리고 고객이 다운로드를 받는 순간 고객과의 연결이 시작된다. 이 접점을 통해 각종 프로모션이나 광고도 할 수 있고, 보다 좋은 서비스를 판매할 수도 있다.

'연결의 중심에 있다'는 건 플랫폼 기업으로 발전할 가능성이 매우 크다는 것을 의미한다. 플랫폼이란 무엇인가? 플랫폼은 일종의 장場 또는 승강장이라고도 할 수 있다. 플랫폼Platform은 Plat(넓은) 과 Form(형태)의 합성어로서 강단 또는 승강장 등을 의미한다. 플랫폼을 통하여 공급자와 수요자가 연결된다. 정보통신기술에서 플랫폼은 '기반이 되는 하드웨어 또는 소프트웨어, 기타 응용 프로그램이 실행될 기초를 이루는 컴

멀티 플랫폼

퓨터 하드웨어 시스템' 등을 말한다. 이렇듯 플랫폼은 용도에 따라 다양한 의미로 사용된다.

다음은 다양한 플랫폼 중 멀티 플랫폼의 예를 나타낸 것이다.

마케팅 구루인 세스 고딘은 그의 저서 《트라이브즈》에서 "마케팅의 시대는 끝났다."라며 "마케팅을 대체할 수 있는 새로운 것이 있으며, 그것은 이미 이전에도 있었던 것이다."라고 했다. 그는 공동의 목표를 향해 행동하는 사람들의 모임을 '부족'이라 정의하고 있다. 인간이 사는 모든 곳에는 부족이 존재한다고 한다. 조직의 내·외부, 공공기관, 기업, 단체, 학교 등을 막론하고 인간이 있는 모든 곳에선 구성원들을 이끌 리더가 나타나기를 갈망하고 있다. 이는 곧 연결을 갈망하는 것으로, 연결성이 강해지면 어떠한 마케팅 수단보다도 강해지는 효과를 나타낸다.

빅데이터 연결의 메커니즘

무엇보다 데이터 연결에 대한 논리적 또는 물리적 메커니즘을 이해해야 한다. 일상 생활에서 쉽게 접할 수 있는 아주 간단한 예를 들어 보도록 하겠다. 자동차 운전을 하면서 우리는 많은 생각을 하게 되고, 그 생각의 결과로 바르게 도로를 달려 원하는 목적지에 도착한다. 그 이전에는 일련의 학습을 통해 자동차 작동법을 터득하고 운전 면허 시험에 합격하는 과정이 필요하다. 또한 교통신호 체계 및 법규에 대해 이해하고 차량의 흐름을 파악하는 방법 등을 익혀 운전을 하게 된다. 경험 중심의 생각을 통해 선택을 하는 과정의 연속이다.

자동차를 운전한다는 것은 자동차에 대한 메커니즘, 즉 동작 원리를 이해한다는 것이다. 도로, 교통, 신호, 법규 등 다양한 도시 공학적 메커니즘도 이해해야 한다. 데이터 역시 마찬가지다. 데이터에 대한 메커니즘을 이해하고 있지 않으면 인공지능 또는 과학적 데이터 분석 등을 정확히 이해하거나 사용하기 어렵게 되는 것이다. 이러한 데이터의 메커니즘을 우리는 패턴이라 부른다.

지금부터는 빅데이터의 연결성 중 마이크로Micro, 즉 미시적 연결성에 대해 알아보도록 하겠다.

Micro 연결성

과학 기술이 발전하고 디지털 문명이 고도화되어 갈수록 세상은 점점 더 복잡해지고 세분화된다. 그리고 인간은 철저한 작동 원리에 의해 움직이는 기계적 사고 문명 속에 종속되어 살아가게 된다.

이러한 기계적 사고 문명에 의해 삶 자체가 획일화되어 가고 있지만, 역설적으로 인간 내면에서는 더욱 철저히 개인화되는 결과가 만들어지고 있다. 소위 디지털 문명을 이끌어가는 빅데이터, 인공지능, 클라우드, 사물 인터넷, 5G통신망 등 신기술들은 각각 융합되어 인간의 활동 영역에서 라이프 로그 데이터Life Log Data라는 형태의 막대한 빅데이터를 생성하고 있다.

라이프 로그 데이터는 수동적인 것과 능동적인 것으로 나뉜다. 수동적인 것은 우리가 가지고 있는 휴대전화 및 스마트 기기, 컴퓨터 등에 담겨 있는 음성, 사진, 이미지, 동영상, 텍스트 등의 비정형 데이터일 것이다. SNS, 블로그 등의 소셜 데이터 또한 사용자 본인의 행위로 인해 수동적으로 만들어진다. 두 번째는 능동적인 라이프 로그 데이터로, 디지털 기기 자체에서 자동적으로 생성되는 위치 정보, 디바이스 로그, 센싱 데이터 그리고 다양한 어플리케이션 소프트웨어에서 발생하는 데이터 등을 의미한다. 이러한 데이터 세트를 물리적 측면에서 보면 일반적인 데이터의 형태와 다르지 않지만, 데이터의 의미론적 시각으로 보면 매우 미시적인 형태라 할 수 있다.

Micro는 정보 처리 용어로서 1/100,000, 즉 10의 −6승이라는 의미이며 자연과학에서는 '아주 작은'이란 뜻을 가진 접두사다. 경제학에서도 미시 경제학을 지칭하고 있다. 개별화, 개인화라는 의미를 담고 있으며 복합적인 의미 또한 포함하고 있다. 하지만 빅데이터 또는 데이터적인 시각에서 보면 아직 개념적으로 확립되어 있지 못한 상태이기도 하다. 빅데이터에 기반한 Micro 연결성은 다음과 같은 특징을 가지고 있다..

첫째, 기본적으로 작은 데이터 세트를 통하여 데이터와 데이터가 상호 연결되어 있는 순환적 특성을 가지고 있다. Micro 연결성은 데이터의 3V^{Volume, Variety, Velocity} 측면에서는 차이가 존재하지 않지만, 속성적인 측면에서 아주 작은 형태의 연결성 패턴을 가진다.

이는 지극히 개인적인 일상에 관련된 라이프 데이터를 기반으로 하고 있다. 왜냐하면 로그를 남기는 행위는 라이프 로깅^{Life Logging}의 의미를 담고 있기 때문이다. 라이프 로깅은 자신 그리고 자신과 타인, 타인과 타인을 연결하는 아주 미세한 네트워크 내의 의미 있는 데이터다. 일반적으로 Micro 연결은 개인의 일상을 온전히 담고 있으며, 이러한 일상의 패턴을 시계열적으로 나열해보면 크게 벗어나지 않는 패턴을 보여 주기 때문에 비즈니스적인 의미로서도 매우 가치가 크다고 할 수 있다. 이러한 부분을 이용하여 마케팅에서 개인화 서비스 또는 맞춤형 서비스 같은 대 고객 마케팅에 활용하고 있다. 여기서 언급된 마케팅은 모바일과 PC 기반 두 부분을 모두 포함한 것이라 보아도 무방할 것이다.

둘째, 데이터적인 측면에서 Micro 연결성은 아주 작은 허브와 노드로 연결되어 있다. 네트워크 분석은 교통, 항공, 해운, 통신망 등 다양한 선형 정보의 경로와 연결성을 분석하는 방법 중 하나다. 따라서 빅데이터 네트워크 분석은 데이터 속의 다양한 중심과 연결성을 파악하는 것이라고 할 수 있다. 네트워크 분석을 통해서 우리는 데이터 사이에 존재하는 미세한 변화 또는 흐름을 감지하는데, 이를 사건 또는 이벤트라고 한다. 이러한 이벤트의 패턴을 찾는 것을 네트워크 분석이라고 정의할 수 있다.

예를 들어 강남에 사는 40대 남성 직장인의 금융 거래 패턴을 보면 다양한 연결성을 파악할 수 있을 것이다. 다음은 Micro한 연결성을 파악하기 위해 필요한 데이터 세트를 예로 들어 나열한 것이다.

① 거주지 : 강남 ② 연령 : 나이 ③ 성별 : 남성 ④ 거래 : 은행 금융 거래 내역

이와 같은 형태의 데이터를 활용한다면 우리는 다양한 연결성을 파악할 수 있을 것이다. 예를 들어 '① 거주지 + ② 연령 + ③ 성별'을 이용하여 해당 거주지 내에 살고 있는 연령과 성별에 따른 군집 패턴을 이해할 수 있을 것이다. 이러한 연결성에 따른 패턴에 ④ 거래 등을 추가한다면 해당 군집에 대한 좀 더 정교하고 Micro한 연결성을 찾을 수 있을 것이

다. 또한 이러한 분석 결과에 외부 데이터 및 각종 데이터를 추가한다면 해당 지역 내에 살고 있는 성별, 연령대에 대한 정교한 연결성을 찾을 수 있을 것이다. 여기서 데이터와 데이터를 융합하는 데이터적 관점의 혜안이 있다면 더욱 좋을 것이다.

이러한 분석을 마케팅 또는 고객 세분화 전략에 활용하면 기존 마케팅 방식보다 더욱 효율적인 결과를 얻을 수 있을 것이다. 뿐만 아니라 이를 다양한 서비스와 접목한다면 새로운 서비스를 실행할 때 결과가 더욱 좋을 것이다.

셋째, Micro 연결성의 특징은 허브가 다양하게 존재한다는 것이다. 허브는 많은 원천 데이터의 중심점과 같은 존재다. 다양한 허브 중에서 연결성이 많은 것과 적은 것의 차이는 가중치 또는 비중이라 생각할 수 있다. 이러한 가중치와 비중은 향후 분석 모델을 설계하거나 알고리즘을 적용할 때 매우 중요한 요소가 될 수 있다.

특히 블로그나 사회 연결망 속에는 다양한 의견을 내는 노드들이 존재한다. 이러한 노드는 하나의 객체일 수도 있고 불특정 다수의 객체일 수도 있다. 특정한 노드가 허브가 된다는 것은 그만큼 그와 연결된 노드들 중 비중이 크다는 것을 의미한다. Micro한 연결성에서는 Macro한 연결성에 비해 비중 있는 허브가 많이 존재한다. 1:N으로 존재하는 노드의 구성 속에서 1은 허브를 지칭하고 N은 연결되는 대다수의 노드라고 보아도 무방하다.

Micro 연결성 속 허브는 다음과 같은 특징이 있다.

첫째, 노드와 노드의 구성이 복잡하다. 네트워크를 구성하는 노드와 노드 사이에 복잡한 상호 연결성을 가지고 있다. 이는 많은 상호작용이 있다는 것을 의미하기도 한다.

둘째, 많은 객체 중 중심선이 다수 존재한다. 네트워크를 구성하는 많은 노드 즉 객체는 각각 독립적으로 살아 움직이는 유기적 존재이므로 그 객체의 중심선이 다수 존재한다. 다수 존재한다는 건 객체 각각의 비중이 크다는 것을 나타내며, 그 비중은 파급되는 결과의 정도를 나타낸다. 그래서 Micro 연결성은 향후 분석을 통하여 네트워크가 어떤 결과를 어떻게 만들어낼지 찾게 되는데 이것을 우리는 예측 또는 통찰력이라고 한다. 빅데이터는 이러한 예측을 더욱 정교하게 하며 Micro 연결성은 가장 핵심적인 요소다.

셋째, 연결성의 비중에 대한 정교한 접근적 특징이 있다. 연결성에 대한 비중은 곧 객체가 차지하는 가치를 의미한다는 'C=V' 공식이 성립한다. C^{Connectivity}는 연결성, V^{Value}는 가치를 나타낸다. 비중^{Specific Gravity}은 연결성에서 차지하는 밀도를 말하는 것이다. 이러한 연결성의 밀도를 나타냄에 있어서 비중은 곧 가치를 나타내는 척도이기도 하다. 따라서 Micro 연결성은 다양한 네트워크 상에서 발생하는 노드, 즉 객체와 객체 간의 밀도를 나타내는 척도 중 매우 작은 연결성의 특징을 찾는 것으로 중요한 접근적 특징을 가진다.

넷째, 각각의 노드와 노드가 차지하는 비중이 상대적으로 큰 특징을 가지고 있다. 노드와 노드의 각 객체를 100으로 가정하면 Micro 연결성에서는 거의 100에 가까운 특징을 가지고 있다. '100에 가까운 특징을 가지고 있다'라는 말의 의미는 각각의 노드가 상호 의존적인 특징을 보인다는 뜻이다.

　Micro 연결성은 다양한 빅데이터 분석 그리고 인공지능 서비스를 함에 있어 매우 중요한 부분이다. 인공지능 기반의 기술 처리 방식인 딥러닝 또는 머신러닝 등 다양한 분야에서 매우 중요한 결과를 만들어 내는 토대가 되기도 한다.

Macro 연결성

경제학은 크게 미시 경제학과 거시 경제학으로 나눌 수 있다.

이중 거시 경제학은 모든 개별 경제주체 각각의 상호작용에 의한 거시 영역, 즉 국가의 경제 전반에 대한 분석을 한다. 소득 수준, 고용 규모, 투자의 흐름 등 총체적인 부분에 대해 다루는 경제학의 한 분야다.

빅데이터 영역에서 Macro 연결성은 앞서 다루었던 Micro 연결성과 상호 보완적인 특징을 가진다. 여기서 '상호 보완적'이라는 것은 Micro 및 Macro 두 가지 요소를 함께 바라보아야 한다는 뜻이다. 이 두 가지가 결합돼야 빅데이터를 정확하게 바라볼 수 있기 때문이다.

Macro 연결성은 데이터 분석 측면에서 보면 데이터를 잘게 나누는 전처리 단계라고도 할 수 있다. 이것은 데이터의 시계열적인 의미도 함께 가지고 있는 것이며, 데이터를 크게 한 덩어리에서 잘게 나누어 보는 것을 의미할 수도 있다.

최근 들어 보안 측면에서두 빅데이터 및 인공지능 기술들을 이용하려는 시도가 이어지고 있다. 네트워크 장비 및 데이터베이스를 중심으로 생성되는 데이터와 다양한 IP Address를 통해 접속하는 행위 데이터 등 무수히 많은 데이터 생성 주체가 있을 것이다. 이렇게 다양한 생성 주체에서 발생하는 데이터는 시계열적으로 매우 중요한 의미를 가지고 있으며, 우리는 이를 '이벤트'라고 한다. 이벤트는 통상적으로 발생하는 패턴이 아닌, 특정한 시간대를 포함하는 대역폭뿐만 아니라 생성 주체가 결합된 사건, 즉 이상 징후를 의미한다.

특정한 접점(물리적 영역과 논리적 영역)이 포함된 영역에서 생성되는 데이터를 시계열적으로 나열하면 특이한 패턴이 발생하는 시점이 나오게 된다. 이러한 시점은 포괄적이고 광범위한 부분의 데이터 세트이기 때문에 광의의 패턴, 즉 Macro적 연결성을 찾기에 적합한 부분이라고 할 수 있다. Macro 연결성은 이러한 부분을 파악하기 위한 네트워크적 분석, 학습 영역이라고 정의할 수 있다. Macro 연결은 다음과 같은 특징들을 포함하고 있다.

첫째, 시계열적인 데이터 속성을 가지고 있다. 3V^{Volume, Velocity, Variety} 측면에서 보면 Variety의 특징과 함께 시간의 흐름에 따른 특징을 가지고 있다. 또한 원천 데이터의 형태가 비정형 숫자 데이터, 이미지, 동영상, 보이스 등 다양한 비정형 데이터를 포함한다. 이러한 데이터는 생성 시점에서부터 시계열적으로 중요한 의미를 가진다.

둘째, 데이터 세트의 원천이 매우 광범위하다. 생성된 원천이 다양하고 매우 광범위한 특징을 함께 가지고 있다. 데이터의 생성 주체인 원천이 다양하다는 것은 데이터를 활용하는 측면, 즉 분석의 요소에서 연결성의 주체가 매우 많다는 것을 의미한다. 이는 기술적인 측면에서 보았을 때 빅데이터를 사일로Sailor 형태가 아닌 통합 또는 데이터 레이크Lake 형태로 보아야 한다는 것을 의미한다.

실제 데이터를 활용하는 측면에서 보았을 때 전처리 및 통합의 기술과 이를 활용하는 기술이 잘 융합되는 것이 경쟁력이라고 할 수 있다. 실제 소프트웨어 시스템 간 데이터의 흐름을 자동화한 NifiNiagaraFiles 같은 기술들이 오픈소스 기반으로 발표되고 있고 지속적으로 발전할 것이다.

셋째, 하나의 특정한 이벤트, 즉 비정상적인 패턴이 발생하면 함께 이러한 영역의 데이터를 따로 모으고 학습해 정교성을 높이는 작업이 필요하다. 시계열적으로 발생하는 다양한 이벤트는 긍정 또는 부정의 의미와 무관하게 비정상적인 패턴으로 분류된다. 비정상적인 패턴은 하나가 발생되었을 때는 무의미한 결과로 볼 수 있지만 많은 비정상적인 패턴이 모인다면 매우 유용한 결과로 활용될 수 있다.

다음 페이지 그림의 시점 첫 단계라면 하나의 의미 없는 결과값이지만 또다른 시점들이 이어지며 유의미한 결과가 될 수 있다. 이러한 시점을 모두 연결하면 Macro 연결성을 파악할 수 있게 되는 것이다. 이러한 연결성은 인공지능을 학습시키는 규칙Rule의 모델을 만드는 데 기본 바탕이 된다.

넷째, 빅데이터뿐만 아니라 연결성의 통계적인 결과값도 의미 있는 분석을 만들어 나가는 데 중요한 도구로 활용될 수 있다. 앞서도 언급한 바 있지만 학습과 경험은 인공지능 기술을 이루는 가장 핵심적인 부분

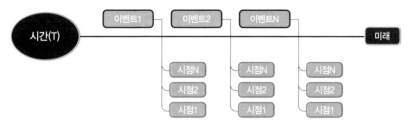

시계열 데이터의 이벤트와 시점

으로, 'T task = P performance + E experience'라는 공식을 만들 수 있다.

Micro 연결성과는 다르게 Macro 연결성은 이러한 학습과 경험을 이루기 위한 핵심이라고 할 수 있다. 'T'는 우리가 분석을 통해 이루기 위한 목표이며, 빅데이터의 분석은 'P'와 'E'라고 정의할 수 있다. Macro 연결성을 파악한다는 것은 학습과 경험을 만들어가는 과정인 것이다.

인류는 빅데이터와 인공지능 기술을 통해서 발전하는 이른바 데이터 융합의 시대에 살고 있다. 이러한 데이터 테크놀로지 기술을 효율적으로 활용하는 것이 4차 산업혁명시대의 핵심인 것이다.

지금도 어딘가에서는 끊임없이 데이터가 생성되고 있다. 그 데이터가 의미 있는 데이터든 의미 없는 데이터든 상관없이 좀 더 거시적으로 멀리 바라본다면 우리는 시대를 이끄는 선도자로서 자리 매김할 수 있을 것이다.

연결과 군집

우리는 지금까지 연결성 중에서 Micro와 Macro 연결성에 대해 알아보았다. 세상의 모든 것은 연결되어 있다는 것을 새삼 느낄 수 있을 것이다. ICT 기술을 통해서 연결의 접점이 기하급수적으로 늘어나고 있다. 일상에서 휴대전화를 사용하고, 메신저를 사용하고, 스마트 기기를 사용한다는 것은 나 역시 연결성의 일원으로 살아간다는 것을 의미한다. 이는 인간이 주변의 다양한 신기술과 함께 동화되어 가는 과정일 것이다. '연결된다'는 것은 지금까지의 삶과는 다르게 '더 스마트해진다'는 것을 의미한다.

지금은 플랫폼 비즈니스의 시대다. 얼마나 많은 접점을 연결하고 있느냐가 비즈니스의 핵심이며 이러한 연결성은 플랫폼이라는 이름으로 다양한 서비스와 융합되어 발전하고 있다. 보유하고 있는 운송 수단 한 대 없이 고객 데이터와 접점을 이용해 세계 최고의 모빌리티 기업으로 발전하고 있는 우버Uber처럼, 동종 업계가 아닌 지금까지 접하지 않았던 완전혀 새로운 영역에서 비즈니스 경쟁자가 출현하고 있다. 이들은 고객과 관련된 수많은 데이터와 이를 통한 접점을 통해 '공유 경제'라는 플랫폼을 만들어냈다.

우리는 미래가 어떻게 바뀔지 누구도 예측을 못하는 백가쟁명百家爭鳴의 시대에 살고 있다. 기업의 수명은 날로 짧아지고, 경쟁은 더욱 치열해진다. 여기서 살아남아 세계 최고의 플랫폼 기업으로 발전할 수 있는 핵심 가치는 '이타주의를 기반으로 하는 데이터 비즈니스 모델을 소유하고 있는지 그렇지 못한지'에 달렸다. 연결성에 기반한 데이터는 다음 전제를 따라야 한다.

첫째, 데이터는 모두 연결되어 있어야 한다는 것이다. 독립적으로 저장·활용되는 데이터는 가치와 더불어 활용도 또한 떨어질 수밖에 없다. 물과 같다. 한 곳에 머물러 있으면 상해서 먹을 수 없게 되고 가치가 사라지기 때문에 살아 있는 실시간 데이터가 지속적으로 유입되어야 한다. 간단한 예를 들어 설명해 보겠다. 공공 데이터 포털에서 제공하는 '지하철 승·하차 데이터'를 살펴보자(다음 페이지 표 참고).

① 해당 호선 : 호선, ② 역 구분 : 역번호, ③ 해당 역명 : 역명, ④ 합계 : 계, ⑤ 평균 : 일 평균, ⑥ 승·하차 정보 : 해당월 등으로 구성되어 있다. 각각의 해당 번호에 포함된 데이터는 모두 연결이 되어 있다(독립적으로는 의미가 없다). 이러한 데이터의 연결성을 통해 우리는 해당 역을 중심으로 한 유동 인구 및 동선을 확인할 수 있으며 치안, 생활, 교통 등 다양한 영역에 접목하게 되면 유의미한 결과를 만들 수 있다. A 분석(①+②+③) 데이터만 포함하면 해당 호선에 관련된 정보와 함께 해당 역의 이름만

호선	역번호	역명	계	일평균	1월	2월	3월	4월	5월	6월	7월
1	150	서울역(1)	23578149	111468	3364130	3026680	3446064	3473124	3563150	3302692	3402309
1	151	시청(1)	10834381	51096	1562110	1275441	1581722	1635208	1666756	1527076	1586068
1	152	종각	18180448	85435	2740119	2276059	2650404	2634617	2704398	2458042	2716809
1	153	종로3가(1)	14349694	67717	2143877	1823175	2106819	2039389	2154261	1989308	2092865
1	154	종로5가	11540627	54823	1701378	1452300	1733436	1703251	1749096	1583541	1617625
1	155	동대문(1)	6748605	32073	929424	856439	1026106	994684	1039377	959160	943415
1	156	신설동(1)	6793264	32057	968451	827320	1021167	1009433	1028676	947321	990896
1	157	제기동	8815816	41830	1362972	1054708	1291090	1303341	1319459	1239737	1244509
1	158	청량리	11131273	53070	1663065	1422191	1692166	1625265	1664409	1538471	1525706
1	159	동묘앞(1)	4944411	23779	664982	650450	773244	725529	782559	707306	640341
2	201	시청(2)	10530630	49308	1509636	1230493	1514599	1609428	1593905	1466648	1605921
2	202	을지로입구	21173661	99420	3069180	2563016	3103891	3126026	3163756	2969144	3178648
2	203	을지로3가(2)	9655502	45142	1397967	1145321	1393496	1418810	1457299	1357954	1484655
2	204	을지로4가(2)	5171428	24234	757713	617335	748924	748476	779530	734316	785134
2	205	동대문역사 문화공원(2)	8870065	41874	1183853	1062121	1349717	1299288	1409228	1274845	1291013
2	206	신당(2)	6549620	30948	938081	801699	984409	971049	989910	916461	948001
2	207	상왕십리	6031936	28359	868250	726582	887732	891727	913417	845230	898998
2	208	왕십리(2)	7762020	36689	1088620	940150	1180445	1137723	1205555	1088200	1121327
2	209	한양대	4945053	24136	525650	417121	881751	905154	905222	733742	576413
2	210	뚝섬	8146948	38107	1115742	932383	1154402	1218821	1301811	1174119	1249670

지하철 승·하차 인원 데이터

을 볼 수 있다. 하지만 B 분석(①+②+③+④)과 같이 데이터를 결합하면 각 역 별 승차 인원의 합계를 알 수 있게 된다.

각각의 독립된 필드에 해당하는 연결성만 단순하게 파악해도 많은 정보를 추출해낼 수 있는 것처럼, 데이터는 독립성보다는 상호 연결성이 더 중요한 부분이라는 것을 알 수 있다. 이처럼 데이터는 모두 연결되는 속성을 가진다. 해당 데이터가 지속적으로 갱신되고 최신 데이터로 통합되어 있어야만 살아 있는 정보를 얻을 수 있다. 흐르는 물처럼 실시간 데이터가 지속적으로 유입되어야만 제대로 된 지식을 얻을 수 있게 되는 것이다.

둘째, 각각의 독립된 데이터도 융합을 통해 새로운 것을 창출한다. 우리가 가지고 있거나 활용하는 데이터는 범위라는 측면에서 보면 그 영역이 매우 넓다. 전혀 관계없는 것처럼 보인다고 하더라도 실제로 분석이라는 행위를 통하면 이질적인 데이터에서 새로운 통찰력이 발생할 수도 있다.

이를 융합적 측면에서 살펴보자. 지하철 승·하차 데이터와 함께 택시 승·하차 데이터를 가지고 있다고 가정한다. 운송 수단이라는 측면에서 보면 지하철과 택시는 서로 경쟁하거나 보완하는 수단이 될 수 있을 것이다. 하지만 '승·하차 시간대별로 연계되는 교통수단'이란 시각에서는 비즈니스적으로 교차되는 측면이 보인다. 각각 따로 놓고 보는 것이 아니라, 두 교통 수단을 함께 이용한다는 개념이기 때문에 서로 이익이 될 수 있는 부분이 있는 것이다.

즉 순수 데이터 영역에서 우리가 가지고 있는 데이터를 '연결' 개념으로 보면 새로운 비즈니스가 만들어질 수 있다. 한쪽 눈으로 세상을 바라보는 것과 양쪽 눈으로 세상으로 바라보는 것의 차이는 '1+1'이 아닌 '1+N'이다. 세상을 훨씬 넓게 볼 수 있는 것이다. 데이터 역시 마찬가지다. 닫혀 있는 시각이 아닌 연결성이라는 측면에서 바라보면 그 앞에 펼쳐지는 세상이 생각 이상으로 훨씬 크다는 것을 알 수 있다. 데이터는 반드시 연결이라는 측면에서 바라봐야 한다.

셋째, 데이터는 각기 다른 속성에서 파생되는 결과물을 포함하고 있다. 빅데이터는 다양한 형태의 데이터를 포함하고 있으며 동영상, 이미지, 소리, 텍스트 등의 비정형 형태로 존재한다. 이러한 데이터 세트 중 이미지 형태의 비정형 데이터를 통해서는 각각 다양한 종류의 이미지를 숫자화할 수 있을 것이다. 우리는 이것을 '데이터에 기반해 파생하는 데이터'라고 한다.

수천 수만 장의 이미지 데이터를 분석 가능한 형태로 전처리한 후 그 데이터 세트에 각각 태그^{Tag}를 달거나 숫자를 생성하여 매칭하게 되면, GPU 등의 고성능 서버를 이용하지 않더라도 알고리즘을 통해 형태를 파악하거나 특정한 행동을 분석하는 것 또한 가능하다.

비정형 데이터 중 이미지 데이터는 휴대전화 속의 사진, 병원의 엑스레이 등 다양한 형태가 있다. 사진 속에는 다양한 인물, 풍경, 제품, 동물, 도면 등 다양한 사물들이 담겨 있다. 이러한 사진 속 요소들에 대해 1은 인물, 2는 풍경, 3은 제품, 4는 동물로 구분해 각각 숫자로 레이블을 만들어 매칭해 놓는다. 이는 사진 속에 인물이 나오면 1로 표식을 달아 '1은 인물'이라는 일종의 레이블을 달아주는 것을 의미한다.

이러한 것을 태깅 작업이라고 한다. 인물 이미지가 입력되었을 때 1번 항목으로 태그, 2번은 풍경, 3번은 제품, 4번은 동물을 각각 태깅 작업을 통하여 매칭한다고 하자. 예를 들어 얼룩말, 기린, 호랑이 같은 이미지가 입력되면 각각 4번으로 인식하게 된다. 또한 사진 데이터에는 메타 데이터라는 것이 포함되어 있다. 여기에는 사진과 관련한 위치와 시간, 노출 정보 등이 담겨 있다. 만약 4번으로 태깅되었다면 '동물'로 인식되고, 그

헤비웨이트 온톨로지	라이트웨이트 온톨로지
인간의 개입으로 상호 연관성을 찾는 행위	컴퓨터에 의해 자동적으로 개념의 관계성을 찾는 행위

헤비웨이트 온톨로지와 라이트웨이트 온톨로지

곳에 담긴 메타정보를 활용하면 언제 어디서 찍었는지도 알게 되어 '동물원에서 찍은 사진'이라는 것을 알 수 있다. 이미지 데이터를 읽은 후 태깅 정보만으로도 우리에게 유용하게 활용될 수 있는 것이다.

우리가 가지고 있는 데이터는 비정형이라는 속성 측면에서 매우 다양한 형태를 가진다. 이러한 비정형 데이터는 다양한 속성의 값을 통해 활용할 수 있으며, 또 데이터 자체에 포함되어 있는 메타 데이터Meta Data를 활용할 수도 있다. 메타 데이터는 그 데이터 자체에 주석 또는 설명을 달고 있기 때문에 '데이터의 데이터'라고 정의하기도 하며, 카렌 코일은 '어떤 목적을 가지고 만들어진 데이터Constructed Data with a Purpose'라고도 정의하였다. 즉 이미지 데이터는 실제적으로 활용할 수 있는 데이터인 반면, 이미지에 포함된 메타 데이터는 실제 보이는 데이터는 아니지만 실제 데이터와 직간접적으로 연관된 정보를 제공해 주는 데이터 세트를 의미한다. 이러한 메타 데이터는 생성된 날짜, 저장 위치, 태그, 노출 정보(ISO 정보 등) 등을 포함하고 있어 원천 이미지 데이터의 속성을 더 자세하게 알 수 있도록 도움을 준다.

현재는 IT기술의 발전으로 다양한 형태의 온톨로지Ontology가 등장하고 있다. 온톨로지는 존재론을 나타내는 것으로, 개념의 명시적 사양을 말한다. 이러한 온톨로지는 헤비웨이트 온톨로지와 라이트웨이트 온톨로지로 구분된다.

데이터 측면에서 원천 데이터와 함께 존재하는 메타 데이터 그리고 온톨로지 등 다양한 데이터를 분석에 활용할 수 있다. 파생 데이터를 통해 새로운 통찰력을 만들어 나갈 수 있는 것이다.

어떠한 형식의 데이터든 군집을 형성한다. 한 장의 이미지 데이터는 그를 둘러싸고 있는 수 많은 데이터의 물리적인 군집으로 만들어진다. '데이터→메타 데이터→가공된 데이터→통계 데이터'로도 활용 가능하다. 데이터 속에 있는 데이터, 데이터와 데이터가 연결된 상호 작용의 패턴을 통해 군집화된 데이터의 형태를 만들면, 우리는 소프트웨어 등의 다양한 정보 기술을 활용해 우리가 원하는 결과를 만들어낼 수 있다. 그리고 이러한 결과를 통해 혁신적인 서비스가 탄생하는 것이다.

이렇게 군집화된 데이터를 통하여 우리는 그 동안 인간으로서 불가능했던 '예측'이라는 영역에 한 걸음 더 다가갈 수 있게 된다.

연결과 허브

세상의 모든 일은 연결을 통해 나타나고 연결은 반드시 중심이 존재한다. 그리고 이러한 연결의 중심에는 허브Hub가 존재한다. 허브를 중심으로 연결되는 모든 객체들은 반드시 결과를 만들어내고, 그 결과는 우리에게 다양한 영향을 미치게 된다. 허브의 원래 의미는 '중심'이다. 인간 개개인이 허브가 되기도 하며 이는 교통, 물류, 금융 등 다양한 영역에서도 마찬가지다. 빅데이터 분야에서 연결과 허브를 사회 연결망이라는 관점으로 보기 위해서는 다음과 같은 기술적 부분을 이해해야 한다.

첫째, 텍스트 마이닝Text Mining은 자연어로 구성되어 있는 수 많은 텍스트 데이터 중에서 연결성, 즉 패턴 또는 관계를 분석하여 다양한 의미와 가치를 찾아내는 기법을 의미한다. 데이터 마이닝Data Mining이란 저장된 대규모 데이터 세트에서 일반적인 데이터 분석 기법을 통해서 규칙이나 패턴을 찾아내어 이를 다양한 정보로 활용하는 일련의 기술을 의미한다. 최근 빅데이터 기술이 발전하면서 데이터 마이닝 역시 비약적으로 발전하고 있다.

자연어 처리 기술은 번역, 통역, 음성을 통한 인공지능 스피커 등 음성 관련 기술이 발전하면서 그 수요가 늘고 있다. 특히 이를 뒷받침하는 요소로서 '말뭉치' 등 언어를 이해하는 다양한 부분의 원천 지식이 필요하기 때문에, 텍스트를 컴퓨터가 이해할 수 있는 형태의 언어 정보로 가공·저장하는 일련의 기술이 발전하고 있다.

둘째, 사회 관계망 또는 웹사이트에서 수집된 데이터를 데이터 마이닝 기법으로 처리하는 웹 마이닝Web Mining 기법이 있다. 이는 웹사이트의 노드, 즉 객체와의 연결 구조를 분석하는 것으로 HTMLHyper Text Makeup Language, XMLExtended Makeup Language 같은 언어를 사용하여 작성된다. 이를 웹 구조 마이닝Web Structure Mining이라고 하며, 이와 관련된 기술들은 웹 사용 마이닝Web Usage Mining, 웹 콘텐츠 마이닝Web Contents Mining, 웹 분석 마이닝Web Analytics Mining 등 분석 대상에 따라 구분하여 사용된다.

이러한 기술들은 정보를 쉽고 빠르게 찾아주는 맞춤형 서비스를 만들거나, 패턴을 분석해 보다 효율적으로 인터넷 상의 정보를 찾아 주는 서비스를 구현하는 데 사용되기도 한다.

셋째, 오피니언 마이닝Opinion Mining은 사회 관계망 속에 존재하는 수 많은 노드, 즉 객체의 긍정 또는 부정 그리고 중립의 값을 분석하여 감정, 공유, 추천, 빈도 등을 파악하는 기법이다. 우리가 흔히 보는 워드 클라우드 및 네트워크 분석이 이러한 기법의 대표적인 예라 할 수 있다. 특정한 군집을 찾아내 이를 분석하여 결과를 얻는 기법인 오피니언 마이닝은 다양한 여론조사 및 마케팅, 선거 등 많은 영역에서 사용된다.

그 외에도 이미지 마이닝Image Mining, 음성 마이닝Voice Mining 등 다양한 마이닝 기법들이 사용되고 있다.

데이터 마이닝은 수많은 원천 데이터 속에서 의미 있는 객체와 허브를 찾아내고 이러한 결과를 다양한 비즈니스에 활용하는 광범위한 분석 기법 중 하나다. 데이터 속에서 허브와 연결을 찾아내기 위해서는 데이터의 이해와 함께 도메인에 대한 이해가 수반되어야 한다. 데이터를 분석하고 연결하는 능력이 무엇보다 중요하며, 특히 '분석'은 복잡한 문제를 다양한 시각에서 풀어 이를 해결하는 능력 또한 포함한다.

빅데이터와 인공지능 기술의 발전으로 인해 우리 삶과 생활 패턴이 빠르게 변하고 있다. 우리가 흔히 알고 있는 딥러닝, 머신러닝을 중심으로 한 인공지능, 다양한 수학적 기반의 알고리즘도 이 영역에 포함된다. 데이터 과학은 학문적인 부분만을 의미하는 것이 아니다. 앞으로는 연결성을 분석하는 데이터 과학자를 체계적으로 육성해 실제 활용하는 것이 매우 중요해질 것이다.

연결과 허브를 분석하는 사례는 인공 신경망에서 찾을 수 있다. 인공 신경망을 활용한 사례는 많이 찾아볼 수 있다. 인공 신경망 속에서 연결성을 이해하려면 먼저 '경쟁'의 의미를 잘 이해해야 한다. 데이터의 연결성 측면에서 보면 하나의 특정한 허브가 있고 경쟁이 되는 또 하나의 허브가 반드시 존재한다. 이 두 가지 허브가 유기적으로 연결되면 중심이 그 두 개의 허브 중 하나에 집중된다는 것을 발견할 수 있다. 허브 밑에 노드가 연결되어 있고 또 하나는 허브와 연결되는 것으로 볼 수 있다.

이러한 연결성의 깊이를 파악하면 세상의 모든 문제들을 손쉽게 파악해 해결 가능하다. 기업적인 측면에서 허브는 문제의 원천이 되는 부분을 의미하며 노드는 그 허브에 종속되어 있는 다중의 연결선을 의미한다. 간단한 예를 들어 보겠다.

존재하는 하나의 허브를 중심으로 다중 연결 노드가 존재하는 형태다. 그 하나의 허브를 기업이라고 가정하고 이를 중심으로 하위에 다중의 연결 노드가 존재한다. 그 다중의 연결 노드에는 제품과 서비스 그리고 구성원 등 다양한 것들이 있을 수 있다. 고객 역시 마찬가지다. 허브(기업)에 종속된 다중 연결선 안에 고객이 붙어 있다면 이는 안정적인 기업 매출에 도움이 되며, 특별한 일이 없는 이상 지속적인 성장이 가능한 상태를 의미한다. 이렇듯 간단한 인공 신경망 관점에서만 보더라도 경영학적 전략을 그릴 수 있다는 것을 알 수 있다.

넷째, 중심선에 해당하는 허브가 두 개 존재하는 경우다. 그 중 하나의 허브에 기업이 존재하고 또 다른 허브에는 고객이 연결된다면 이는 새로운 변화와 함께 성장 또는 경쟁이라는 두 가지 상황에 직면하게 되는 것으로 이해할 수 있다. 그래서 경쟁이라는 측면에서 각각의 허브와 허브가 연결된다면 시간이 지남에 따라 다른 하나의 허브는 종속적인 지위에 속할 수밖에 없게 된다. 어떤 기업과 경쟁사가 두 개의 허브에 각각 존재하여 연결된다면 동등했던 두 개의 허브 중 하나는 시간이 지남에 따라 반드시 다른 하나의 종속적인 부분으로 위치하게 된다.

빅데이터 중심의 허브 네트워크를 분석하면 기업 전략을 새롭게 찾을 수 있는 기회가 주어지기도 하며, (어떤 상황이 '반드시 옳다'고는 할 수 없지만) 해석에 따라 매우 좋은 전략이 만들어질 수도 있다. 질병 또는 전염

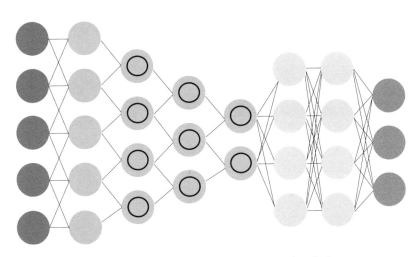

딥러닝 알고리즘 중 Deep Convolution Network(DCN) 예

신규설치자	WEEK + 1	WEEK + 2	WEEK + 3	WEEK + 4
9142	47.22%	40.04%	39.46%	38.7%
9180	46.5%	41.71%	39.3%	
8531	47.61%	42.48%		
12390	50.17%			
14471				

특정 회사 스마트폰 앱 설치 고객수 및 활용도 히트맵

병 이동 경로, 논문 인용, 비즈니스 워 게임 등 세상의 모든 부분은 이러한 네트워크 이론으로 설명 가능하게 된다.

앞 페이지 표는 네트워크 이론을 이용해 스마트폰에 설치된 앱의 '최초 1주에서 4주까지의 활용도'를 분석해 마케팅에 활용하고 있는 예다. 시간이 지남에 따라 점점 사용률이 떨어지는 것을 확인할 수 있으며, 떨어지고 있을 때 이벤트 및 타깃 마케팅을 하면 이러한 상황에 효과적으로 대응할 수 있다.

연결의 가치

우리는 연결의 가치를 평가할 때 흔히 사회 연결망을 이야기한다. 사회 연결망은 사회학 또는 사회 관계에서 개인, 또는 집단의 관계를 네트워크로 파악하는 것을 의미한다. 다시 말해 하나의 객체, 즉 노드로 구성되어 있는 구조에서 연결망 속에 존재하는 허브를 중심으로 한 노드와 노드, 허브와 노드 간 관계의 깊이Depth에 따라 형성되는 관계의 구조학을 의미한다. 이러한 구조에서 중심이 되는 것을 허브라고 하며, 그 허브는 개별 객체로 구성되어 있다는 것을 이미 설명한 바 있다.

네트워크는 노드, 허브, 네트워크(링크)로 구성된다.

① 노드Node는 어떤 하나의 점Point 또는 실행자Actor로 표현되기도 한다. 즉 행위를 하는 개개의 단위를 나타내는 것이기도 하다. 이러한 노드가 많아지면 허브의 강도가 분산되기도 하지만 보통은 더욱 세지는 것이 일반적이다. 허브에 연결되어 있는 노드, 즉 객체가 많을수록 허브는 더욱 강력한 힘을 가지게 된다는 의미다.

② 노드와 노드 또는 객체와 객체를 연결하는 네트워크 연결선을 링크라 한다. 동일한 두 노드 사이에 다양한 연결선이 존재하는 경우를 다중 링크Multiple Link라고 하며 노드 자신에 링크되어 연결되는 것을 순환링크Loop Link라고 한다. 이러한 링크, 즉 네트워크의 연결성을 통하여 다양한 노드들 간의 의존성 등을 파악하게 된다.

③ 노드와 링크 등으로 구성된 네트워크를 망Web 또는 그래프 등으로 표현한다. 이러한 네트워크는 각 노드 및 링크의 지향점을 가지고 있으며, 각 노드의 가중치 그리고 링크의 깊이를 가지고 있다. 이러한 특성에 따라 방향성에 의한 직접적Direct 네트워크와 간접적Undirected 네트워크로 분류한다. 이러한 네트워크는 전염병의 이동 경로, 메일 수신 및 발신, SNS 팔로어 등의 분석, 기업과 제품 또는 서비스 연관성 분석을 통한 마케팅 등 다양한 분야에서 활용되고 있다. 또한 노드 및 링크의 가중치에 따라 가중치Weight 네트워크 및 비가중치Unweight 네트워크로 나뉜다. 이러한 가중치 네트워크를 활용하면 기존의 방향성 네트워크와 유사하거나 각기 다른 네트워크의 특성을 이용하여 전염병 발생 및 이동 경로의 신뢰도 분석, 논문 인용 분석, 사회 연결망 키워드 분석 등에 활용할 수 있다.

이렇게 연결망 분석을 통해 네트워크의 지향성, 가중치, 연결도 등을 활용하면 빅데이터의 가치를 높일 수 있다.

다양한 노드 그리고 연결선(링크)을 통해서 허브의 속성을 파악하게 된다. 사회 연결망을 예로 들면, 노드 객체에 대한 객체 간의 관계를 네트워크로 파악하게 되는 것을 의미하며, 또한 네트워크에 형성되는 관

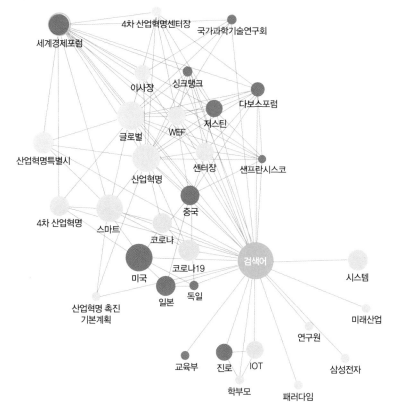

4차 산업혁명 관련 키워드 분석도

* 최근 1년간 신문기사 53종 기반(인물, 정당, 정치, 기관 제외)

계의 구조를 의미한다.

세상의 모든 사건Event은 이러한 네트워크의 관계에 의해 만들어지며 이러한 관계의 속성은 다양한 분야에서 연구 및 논의가 활발하게 이루어지고 있다. 이는 통신망과 디지털 기기의 발전으로 인해 플랫폼 기업 성장으로 이어지고 있다.

네트워크 중심의 비즈니스 모델로 구성되는 노드와 노드 사이의 다양한 관계들은 인문, 사회, 공학, 수학, IT 등 다양한 학문과 더불어 서비스, 유통, 제조, 통신 등 다양한 산업군에 융합되어 있는 4차 산업혁명의 핵심으로 자리잡고 있다. 기업 입장에서 보면 기업과 제품, 기업과 고객, 기업과 제품 등 다양한 네트워크를 데이터적인 측면, 수학적인 측면, 통계적인 측면으로 계산하여 해결 방법을 찾아가는 복잡한 영역이다.

현대 사회에서 다양하고 복잡하게 실시간 생성되고 있는 빅데이터는 비즈니스의 핵심 가치로 자리 잡았고, 그 속의 통찰력을 확보한 기업은 이미 글로벌 플랫폼 기업으로 성장했다.

이러한 빅데이터 속 가치를 비즈니스에 연결하여 기업의 성장 동력을 만들고, 노드의 수를 기하급수적으로 확장해 그와 관련된 비즈니스를 링크로 승화시켜 제품 또는 서비스가 그 중심에 자리 잡게 한다면, 이는 글로벌 기업으로 성장할 수 있는 충분한 가치를 가지고 있다고 보아도 무방할 것이다.

연결 속에서 가치를 찾는 것, 그리고 그 속에서 가치와 가치를 연결하고 새로운 연결성을 찾아 창의적인 가치를 만들어 나가는 것이 어느 때보다 중요하다.

연결과 비즈니스

빅데이터와 인공지능 그리고 클라우드, 사물 인터넷 등 우리가 접하고 있는 수많은 신기술들을 어떤 비즈니스 모델과 연결해야 가치를 극대화할 수 있을까? 어떤 산업군이든 다양한 비즈니스 모델이 있기 마련이다. 스타트업을 꿈꾸는 기업일수록 비즈니스 모델은 더욱 중요하다.

비즈니스 모델을 데이터적 시각으로 보면 ① 연결 ② 중심, ③ 응집, ④ 역할이 존재한다. 이러한 네 가지 특징을 바탕으로 비즈니스 모델을 구상하고 설계해서 구현해 나간다면 좋은 결과를 만들어낼 수 있을 것이다.

연결을 통해 우리는 비즈니스 시스템의 입력, 출력, 구성, 목적을 완성해 나간다. 입력은 비즈니스를 일으키는 원동력이 되는 원천을 의미하며, 출력은 그를 통해 만들어 가는 행위의 일체를, 구성은 이를 이루는 구체적인 자원을 의미한다. '구체적인 자원'을 막연하게 생각할 수도 있는데, 여기엔 인적 자원 또는 자본을 포함한 물적 자원, 기술 등 다양한 요소가 포함된다. 그리고 목적은 비즈니스를 이루려는 목적, 즉 최종 목표를 의미한다.

이러한 시스템을 완성하기 위해서는 다음과 같은 요소를 준비해야 할 것이다.

① 연결 : 노드와의 연결이 비즈니스의 첫 번째 단계이며 가장 중요한 요소다. 기업에서는 연결을 많이 만들기 위한 노력으로 특정한 활동, 즉 캠페인, 이벤트, 체험과 같은 행사를 진행한다. 예를 들면 게임사에서는 "일단 다운로드 받으세요.", "1달만 무료로 사용해 보세요.", "신제품 쿠폰이 발행되었으니 사용해 보세요." 등의 행사를 하며, 이러한 캠페인을 통해 고객은 무수히 많은 연결에 노출된다.

② 중심 : 노드가 연결된 허브를 지칭하는 것으로, 비즈니스 모델의 중심을 의미하기도 한다. 제품이 중심인지, 서비스가 중심인지, 인적자원이 중심인지 등 모델의 중심을 파악해야 할 것이다. 이러한 비즈니스 모델의 중심을 파악하기 위해 사회 연결망을 활용할 수도 있다. 특정 기업이 출시한 제품 또는 서비스가 사회 연결망 속 어떤 위치에서 고객층을 형성하고 있는지, 제품의 중심은 어디인지 등을 파악할 수 있을 것이다.

화장품 마케팅을 예로 들어보자. 10대를 타깃으로 하고 있는지, 아니면 20대 대학생 및 직장 초년생을 타깃으로 하고 있는지, 또는 30~40대의 직장 여성 또는 주부를 타깃으로 하고 있는지 등 제품이 지향하는 바가 있을 것이다. 만약 실제 시장에서 10대 중·고등학생을 중심으로 고객이 형성되어 있다면 제품 디자인, 기능 등을 10대 학생을 중심으로 재설정해야 할 것이다. 이러한 부분을 파악하기 위한 손쉬운 방법이 '소셜 분석'이라고도 불리는 사회 연결망 분석이다.

10대 학생들이 고객인 화장품은 기능적으로 피부를 보호하는 성분이 많아야 하고, 색조는 옅어야 하며, 제품 케이스 디자인이 10대 취향이어야 할 것이다. 이렇게 10대 학생들이 원하는 화장품을 개발해 판매하려 한다면, 그들이 어떤 생각을 하고 있으며 어떤 제품 및 서비스를 원하는지 찾고 분석해 일련의 마케팅 과정을 거쳐야 기업이 성장할 수 있을 것이다. 또한 빅데이터를 중심으로 한 분석에 더해 한층 더 심도 있는 인문학적 접목 또한 필요할 것이다.

③ 응집 : 응집은 어느 특정한 부분에 모여 있는 상태 또는 뭉쳐 있는 상태를 의미한다. 중심 또는 허브와 같은 의미로 볼 수도 있겠다. 일반적으로 데이터는 특성에 따라 다르겠지만, 분산되어 있기보다는 특정한 부분에 뭉쳐 있는 특징을 가지고 있다. 뭉쳐 있다는 것은 정상적인 것을 의미하기도 한다. 물론 여기서 정상적이라는 것은 특정한 사건 또는 이벤트가 아닌 통상적인 것을 의미한다.

사회 연결망에서 긍정과 부정이라는 항목을 놓고 무를 자르듯 딱 나누기를 원하는 경우가 대다수다. 물론 긍정과 부정을 표시하지 않으면 중립적인 의미 또는 무관심하다는 의미를 나타내기도 하지만 말이다. 긍정적이든 부정적이든 중립적이든 일반적인 의사에 해당하는 데이터는 특정한 영역에 엉켜서 몰려 있기 마련이다. 이러한 것을 응집이라고 한다. 이러한 응집이 강하게 연결되어 있을수록 비즈니스는 더욱 강력한 결과를 만들어낼 수 있다.

오래 되거나 유명한 기업의 제품에는 마니아가 몰려 있기 마련이다.

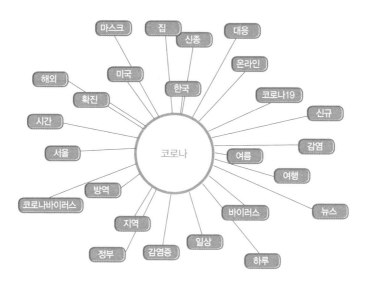

코로나 연관 분석을 통한 연결의 예

이들 마니아는 특정한 기업 또는 제품을 맹목적으로 신뢰하고 구매하려는 욕구가 매우 크다. 대표적으로 애플 아이폰을 예로 들 수 있겠다. 이러한 고객이라면 흔히 마니아라는 이름으로 충성도가 매우 높은 경향을 가진다는 것을 알 수 있다. 애플뿐 아니라 일반적인 기업의 제품도 특정한 고객군으로부터 마니아 층이 형성되어 있는 것을 볼 수 있다. 이것을 제품 또는 기업 중심의 응집이라고 할 수 있다.

그러나 이러한 응집이 너무 오랫동안 지속되면 혁신은 도태되는 현상이 나타날 수 있다. 데이터 또는 고객, 제품에 응집 현상이 보인다면 좋은 측면도 있지만 반대급부적으로 부정적인 측면도 존재하는 것이다.

④ 역할 : 비즈니스 모델의 시스템적인 측면에서 데이터 및 각 노드는 반드시 역할이 존재한다. 역할은 맡은 바 임무 또는 수행해야 할 일을 뜻한다. 데이터나 노드에는 그러한 역할이 존재하고 그 역할에 따라 다양한 결과를 만들어낸다.

데이터는 수집, 저장, 처리, 분석을 위해 만들어진다. 그렇기 때문에 필요 없는 데이터는 수집할 이유도 없고 저장, 처리, 분석할 이유도 없다. 하지만 빅데이터의 출현으로 어떠한 데이터든 융합과 분석을 통해 반드시 새로운 것이 만들어질 수 있다는 사실을 전제해야 한다.

또한 데이터 측면이 아니라 비즈니스 모델 측면에서도 다양한 기업의 자원은 각각의 역할을 가지고 있다. 이는 데이터와 같은 특성을 가진다. 각 자원에 대한 역할이 존재할 것이고, 이 역할을 효율적으로 배치해 각 자원이 최대한의 성능 및 효율을 나타낸다면 그 비즈니스 모델은 성공적으로 안착될 것이다. 이러한 대전제로 데이터와 비즈니스 모델을 하나의 선상에서 보고, 이를 고려해 목표를 달성하려는 노력이 가장 중요할 것이다.

지금까지 설명한 네 가지 특징을 바탕으로 다음과 같이 정리할 수 있을 것이다.

첫째, 비즈니스를 만들어내는 기본 단위는 각각의 노드(객체)가 아니다. 서로 연결된 노드들 간의 관계를 바탕으로 한 상호의존적 작용에서 비롯된 팩트 기반의 비즈니스 모델이다.

둘째, 수많은 데이터의 객체들 사이에서 발생하는 특정 행위, 즉 이벤트를 만들어내는 인과관계 중심의 비즈니스 모델이다.

셋째, 수학이나 통계학적인 분석 방법과 함께 기존의 규칙^{Rule}을 통한 알고리즘을 통해 발전시키는 비즈니스 모델이다.

넷째, 세상의 모든 객체를 연결하는 네트워크 내의 상호의존적 또는 상호배타적인 데이터들 간 융합을 통한 비즈니스 모델이다.

다섯째, 연결성 측면에서 각 노드들과 허브의 링크에 대한 집중도가 0에 가까울수록 사업부 단위 또는 제품, 서비스 단위로 사업을 구성하는 것이 효율적이다. 반대로 집중도가 100에 가까울수록 중앙집권화 비즈니스 모델이 적합하다.

이러한 다섯 가지 비즈니스 모델을 중심으로 우리는 새 모델을 설계하거나 적용해 나갈 수 있을 것이다.

최근 성장하고 있는 데이터 기반 서비스 플랫폼 등의 비즈니스 모델을 추구하는 기업들은, 각 노드가 하나의 단위 사업을 수행하는 역할 모델^{Role Model} 구조를 가진다. 이러한 비즈니스 모델에서 우리가 반드시 알아야 할 것이 있다. 네트워크 연결성이 강하고 밀도가 높으면 정보와 자원의 흐름에서 병목 현상이 발생할 가능성이 매우 높다. 이러한 상황에선 다른 비즈니스 모델과의 접목이 어려워, 급변하는 비즈니스 환경에 대한 민첩한 대응이 힘들어진다. 반대로 강한 연결성은 비즈니스 전략과 시장에 대한 통제력 측면에서 상대적으로 유리하다는 특징도 가진다.

다양한 비즈니스 환경에서 리스크 요인을 제거하거나 효과적인 마케팅을 실행하려고 할 때, 앞의 비즈니스 모델을 활용할 수 있다. 문제에 대한 다양한 원인을 찾아 연결선을 분석하고 중심점(허브)의 집중도와 밀도를 통해 문제를 해결하거나 대응하는 것이다. 이러한 연결성 모델을 이용하면 다음과 같은 사례에서 큰 힘을 발휘할 수 있다.

사회 관계망 중 소셜 네트워크 기법을 적용하면 다양한 상품과 서비스의 연관성을 분석할 수 있다. 특히 보험 사기, 금융 사기 등의 경우 특정 상품과 사기 사건 간 연결성의 계수 및 밀도를 분석해 인과관계를 파악할 수도 있다. 또한 각종 보험 상품과 보험 사기범과의 연결성, 그리고 상품과 상품 간의 연결성을 통해 가해자와 피해자와의 관계성을 찾아낼 수도 있다.

특히 금융 사기는 각종 채널, 즉 디바이스 및 접목 등의 불일치성으로 인해 발생하는 경우가 대부분이다. 이러한 채널의 불일치 역시 사건에 대한 시계열성 분석을 통해 규칙Rule 모델에 의한 대응이 가능하다. 예를 들어 내가 금융사의 한 현금지급기에서 100만 원을 인출했다고 하자. 그런데 10여분 지난 시점에 해외에서 동일 계좌를 통하여 200만 원을 인출하려고 시도했다면 이는 금융 사기 시스템FDS, Fraud Detection System에 의해 식별될 수 있을 것이다. 이는 내가 정상적으로 인출했던 금액과 더불어 시간, 지역이라는 변수의 차이가 발생하게 된 경우다. 이것을 시계열적으로 볼 때 지금의 행위가 10분 이후의 행위와 연결성 측면에서 불일치하게 된 것이다. 최근 다양한 디지털 기기 발전으로 인해 빈번하게 발생하는 다양한 금융 사기를, 이러한 크로스 디바이스 채널 분석을 통해 이벤트를 추출하는 방법으로 찾아내는 것이다..

보험 사기 사건에서 가해자와 피해자 간 연결성의 불일치를 찾아 선제적으로 대응하는 것이 네트워크 기법을 활용한 사례다. 다음 페이지의 '보험 사기 사건 네트워크 연관도 분석' 그림은 보험 사기에 대한 각

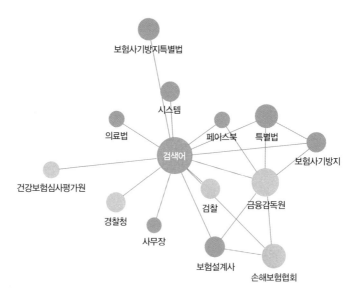

보험 사기 사건 네트워크 연관도 분석

객체의 연관성을 나타낸 것이다.

지금까지 연결성에 관련된 비즈니스 모델에 대해 설명했다. 비즈니스 모델과 연결성을 접목하기 위해서는 다음과 같은 단계로 진행하면 효율적이다.

첫 번째, 비즈니스를 종이 위에 스토리 보드 형식으로 그린다.

두 번째, 스토리 보드 각 노드에 연결선을 명시한다.

세 번째, 흐름도 상의 지향성, 즉 방향을 표시한다.

네 번째, 각 연결선의 강도를 표시한다.

다섯 번째, 해당 노드를 도출하여 세부 전략 스토리 보드를 만든다.

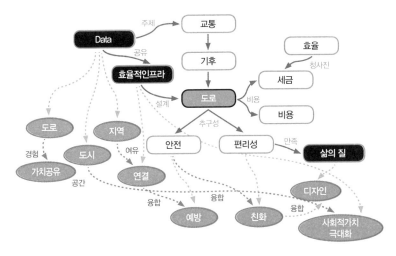

전략 스토리 보드의 예

　스토리 보드는 한 번 만든 후 끝나는 것이 아니다. 지속적으로 다양하게 스토리 보드를 발전시키는 것이 중요하다. 이러한 과정을 거쳐 스토리 보드에 비즈니스를 입히게 된다. 비즈니스를 입히는 과정은 복잡한 것이 아니라, 우리가 생각하고 있거나 실행하고 있는 것을 덧씌우는 작업이다. 각 과정에 대해 좀 더 자세히 알아보자.

　① 비즈니스를 종이 위에 스토리 보드 형식으로 그린다.

　- 비즈니스 목적을 위한 비전 등을 제시하고 그 기반에서 스토리 보드를 작성한다. 예를 들어 "인류를 전염병에서 구하는 것이 사업의 목적 또는 미션이다."라고 정의한다면, 단번에 무엇을 하는 기업인지 알 수 있을 것이다. 이러한 대명제를 달성하기 위한 전략을 스토리

보드에 나열하는 것이다.

② 스토리 보드 각 노드에 연결선을 명시한다.

- 하나의 노드로부터 시작한다. 이렇게 시작한 노드에는 제품과 서비스 또는 고객 등이 나열되며, 구체적으로 특정 제품과 서비스 또는 고객층일 수도 있을 것이다. 처음 스토리 보드를 만들 때는 포괄적인 부분에서 시작해도 무방할 것이다.

③ 흐름도 상의 지향성, 즉 방향을 표시한다.

- 프로세스의 흐름을 나타내는 방향성을 표시한다. 각각의 노드에 흐름, 즉 지향성 또는 방향성을 나타내는 연결선을 노드에 연결한다. 이러한 연결은 단일 연결, 또는 다중 연결이라고 해도 상관이 없으나 명확한 비즈니스 모델을 만들기 위해서는 단일 연결이 좀 더 바른 접근 방향일 것이다.

④ 각 연결선의 강도를 표시한다.

- 각 노드에 강도를 선 또는 숫자로 정성적으로 표시한다. 모든 노드의 연결선이 완성된 후에는 강도를 정량적으로 표시한다.

- 이런 과정을 거치면 어떤 노드와 어떤 노드가 더 관련성이 있는지에 대한 연결성 지표로 삼을 수 있을 것이다.

⑤ 해당 노드를 도출하여 세부 전략 스토리 보드를 만든다.

- 특정 노드 중 중심이 되는 허브의 노드를 추출하여 새로운 워크시트에서 세부적인 스토리 보드를 만든다.

- 지속적인 탑다운 Top-Down 형식의 스토리 보드를 만들면 이를 전략 기획 또는 비즈니스 모델로 활용할 수 있다.

데이터의 연결성을 중심으로 한 비즈니스 모델은 온라인 비즈니스 모델을 지향하고 있는 기업, 논리 또는 물리적인 플랫폼 기업, 물리적인 서비스 및 제품은 존재하지 않지만 그로 인한 논리적인 서비스 모델을 중개하는 기업, 혁신적인 아이디어를 통한 융합형 사업 모델을 가지고 있는 기업 등에서 활용된다면 좋은 결과를 가져올 것이다.

세상은 빠르게 변하고 있고, 그 중심에 '연결성'이라는 거대한 흐름이 있다. 이러한 흐름에 맞춰 '빅데이터 분석'이라는 가속 페달을 밟아 성장할 수 있는 비즈니스 모델을 찾아보자. 우리가 지금까지 보지 못했던 거대한 흐름에 동참할 수 있는 기회가 여러분에게도 펼쳐질 것이다.

연결과 혁신

노드와 연결로 이루어진 패턴을 연구하는 학문 분야는 약 300년 정도의 역사를 가지고 있다. 이 분야는 아주 짧은 설화에서 시작되었다.

쾨니히스베르크라는 독일의 작은 지방에는 프로이센 시절부터 전해 내려오는 설화가 있다. 설화의 내용은 일곱 개의 다리를 모두 한 번씩 건너서 시작 지점으로 되돌아오는 일은 불가능하다는 전제에서 시작된다. 1735년 레온하르트 오일러는 각 지점과 산책로를 노드(점)와 연결선으로 단순화해서 이러한 전제가 사실임을 수학적으로 증명하였다. 한 다리를 한 번씩 지나 새로운 지역에 다녀오려면 나가고 돌아올 때 건널 다른 한 쌍이 필요하다는 것이다.

간단한 네트워크 분석을 통해서 우리는 해결하지 못할 것 같은 어려운 문제도 간단히 해결해 나갈 수 있다는 것을 알았다. 이러한 연결성과 지금의 기업 환경에 필요한 혁신을 융합하게 되면 이루고자 하는 비즈니스 목적을 성취할 수 있다.

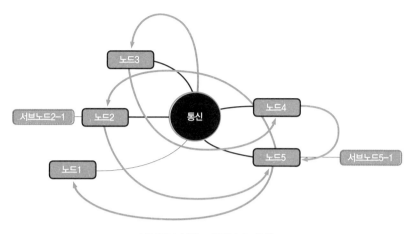

네트워크 사례 - 중심 노드 탐색

페이스북 초기, 약 7억 개의 계정 중 99.6%가 여섯 단계 이하로 연결된다는 사실에 많은 사람이 공감했을 것이다. 특히 우리나라의 경우에는 작은 국토와 인구로 인해 이러한 연결성이 훨씬 짧았다. 이러한 연결성은 사실 밀 그램이 이야기한 6단계 분리 이론을 통해서도 사실로 확인되었다.

오래 전에 만들어진 오일러의 네트워크 개념은 질병과 그 매개체, 교통에서의 운송 경로, 최단 경로, 최적 경로, 유전자와 질병, 온라인 플랫폼 기업 등 다양한 모델로 적용되어 지금까지 우리가 해결하지 못했던 다양한 과제들을 해결해 나가고 있다.

특히 이러한 연결성을 통해 실현되는 비즈니스 모델들은 ICT 기술 발전으로 인해 더욱 진화하고 있으며, 통신망, 사물 인터넷 그리고 인공지

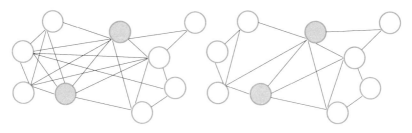
노드와 연결선으로 구성된 네트워크

능 기술과 접목해 지혜로 발전하고 있다. 이것이 바로 '혁신'이다. 혁신 초기에는 약한 연결성에서 시작한다. 이후 많은 노드와 연결선을 통해 확장하게 되면 더욱 강한 비즈니스 모델로 거듭날 것이다.

그러면 혁신에 대해서 알아보자. 혁신의 사전적 의미는 "지금까지 없었던 새로운 방법을 통해 기존 행위를 완전히 바꾸는 것"이다. 이는 경제학자 슘페터가 주창한 경제발전론의 개념이기도 하다. 혁신의 탄생을 위해선 발상, 융합, 접목의 세 가지 요소가 결합되어야 한다.

먼저 '발상'은 기존 생각의 원천을 뒤집는다는 개념이다. 혁신의 아이콘으로 회자되고 있는 애플 아이폰, 페이스북, 우버, 에어비엔비 등을 통해서도 볼 수 있으며 최근에는 비즈니스 패러다임 자체가 바뀌어 인류의 삶 전체를 바꾸는 기술 요소, 즉 인공지능, 빅데이터, 자율주행 등도 발상의 사례라고 할 수 있다.

혁신은 발상의 전환에서 출발한다. 발상은 창의적인 생각과 아이디어를 떠올리는 것이다. 기존의 틀에 박힌 정형적인 생각을 깨면 발상의 전환이 이루어진다. 이를 통해서 우리는 이전에 없었던 새로운 것을 창조하거나 만들어 나간다.

예를 들어 '전화기를 전화기로 보지 않는 것'을 생각해 보자. 우리는 통상 '음성을 전달하는 매개체'로서 전화기를 사용하고 인식한다. 하지만 통신망과 어플리케이션의 발전으로 4G LTE, 5G 등 통신기술 역시 비약적으로 발전하고 있다. 특히 통신망을 통해 전달되는 음성은 4G LTE로 발전하면서 그 주체가 데이터로 바뀌었다. 이 과정에서 우리는 클라우드 또는 빅데이터와 같은 신기술을 전화기와 접목해 이전까지 사용하지 않았던 수많은 기능을 전화기 안에 넣었고, 이를 통해 세상을 바꿔 버리게 된 것이다.

아이폰이라는 거대한 혁신의 주류를 생각해낸 스티브 잡스에겐 공학과 인문학 등 다양한 요소에 대한 혜안이 있었을 것으로 생각된다. 전화기에 데이터라는 주체를 더하자 전화기는 컴퓨터로 바뀌었고, 이를 통해 컴퓨터로 실행했던 수많은 행위들이 모두 작은 전화기 속으로 들어오게 되는 것이다. 기존에 내비게이션, 게임기, 각종 툴 등을 만들었던 기업들은 그 기능을 스마트폰이라는 작은 전화기에 넣어 융합·발전시켰다. 결과적으로 각각의 비즈니스가 그 자체로서 독립적인 성장이 어려운 지경에까지 이른 것이다.

작은 발상의 전환, 즉 '전화기를 전화기로 보지 않는 것'에서부터 시작한 생각의 차이가 거대한 산업의 프레임을 바꾸게 된 것이다. 발상의 전환은 기존 것을 그대로 보지 않고 새롭게 바라보는 시각의 차이라고 할 수 있다.

'융합'을 통해 발상은 새로운 발전을 하게 된다. 융합은 두 개 이상의 사물과 생각을 조합하여 하나로 만드는 것을 의미한다. 기존의 화학이나 생물학 분야에서도 융합은 매우 중요한 부분이지만, 특히 데이터 테크놀로지 시대의 가장 핵심적인 요소로 보아도 무방할 것이다. 이는 곧 발상의 전환으로 만들어진 새로운 시각에 융합이라는 요소를 더해 실행할 수 있는 능력이다.

휴대전화를 생각해 보자. 일반적으로 휴대전화 한 대는 기계 공학, 통신 공학, 전자 공학, 전기 공학, 물리학, 디자인 등 다양한 분야의 기술이 결합되어 만들어진다. 기존 전화기는 단순한 통신 공학 및 전자 공학적인 요소만으로 만들 수 있었지만, 스마트폰은 다양한 요소가 융합된 혁신적인 도구로 발전하였다.

빅데이터 개념에서 바라보면 기존의 한 가지 데이터만으로는 통찰력을 찾기가 불가능하다. 하지만 다양한 데이터가 모이고 합쳐지면서 새로운 통찰력을 갖게 된다. 이러한 부분이 데이터 테크놀로지 세계의 진정한 융합이라고 할 수 있다.

발상의 전환과 융합을 기반으로 새로운 부분을 엮는 과정을 '접목'이라고 할 수 있다. 접목은 융합된 결과물을 조합하는 이른바 창조적인 행위의 마지막 부분에 해당하는 것이다. 전화기와 컴퓨터, 자동차와 자율주행, 교육과 가상 현실 등이 모두 접목에 해당한다.

지금까지 혁신을 이루는 요소에 대해서 알아보았다. 혁신은 우리와 아주 가까이 있는 곳에서 발상의 전환이라는 키워드를 통해 만들어진다. 이러한 발상의 전환은 생각의 다름을 실천하는 것이다. 우리가 생각하고 있는 다양한 틀, 즉 프레임을 바꾸고 그 프레임에 우리가 목표로 하는 비즈니스를 접목하면, 혁신을 통해서 세상을 바꾸는 것이 결코 어렵지 않다는 것을 강조하고 싶다.

연결과 융합

세상은 참으로 빠르게 변한다. 그 빠름을 어떤 수치 또는 체감할 수 있는 정량적 지표로 표현한다면 아마도 x^2 정도 되지 않을까 생각해 본다. x^2은 내가 생각하는 빠르기의 느낌을 임의로 표현한 것이니 산술 그 자체로 이해하지 않았으면 한다.

처음 컴퓨터 공학을 전공하며 접했던 정보기술은 오퍼레이팅 시스템, 데이터베이스, 언어 등 기술 자체로만 보아도 많은 것이 변했다. 물리적인 정보기술 역시 마그네틱 테이프, 8인치 플로피디스크 드라이버 등을 거쳐 SSD Solid State Drive 등으로 발전하여 과거 몇 년 전까지만 해도 상상하기 힘든 성능과 저장 능력을 보유하게 되었다.

특히 컴퓨터 언어와 운영 체제 그리고 데이터베이스로 대변되는 정보기술은 빅데이터와 인공지능, 클라우드 등을 중심으로 한 큰 줄기의 기술 속에서 다시 언택트 시대라는 격변의 현실을 맞이했다. 이에 따라 새로운 산업을 맞이하려는 노력 또한 필요하게 되었다.

언택트 측면에서 정보 기술 영역을 보면 클라우드가 가장 큰 부분을 차지하는 것으로 보인다. 클라우드는 인터넷으로 연결된 컴퓨터 인프라 자원을 언제 어디에서든 정보 기술 자원에 연결하여 효율적, 합리적으로 사용할 수 있게 해주는 기술이다.

정형·비정형 속성의 다양한 데이터 형태를 가진 빅데이터 환경에서 다양한 혁신 기술과 서비스를 효율적으로 운영하거나 창출할 수 있는 준비가 되어 있는지 생각해봐야 할 때다. 이러한 측면에서 보면, 모든 서비스에 능동적으로 대처 가능한 디지털 전환 속도 그리고 거버넌스 구축 또한 시급한 상황이다. 융합을 전제로 한 디지털 전환을 준비하기 위해서는 다음과 같은 부분을 고려해야 할 것이다.

첫째, 새로운 기술을 융합할 인재 확보다. 정보 기술의 소프트웨어 측면에서는 특정한 기간과 범위를 정하는 계약에 의한 구독 경제 Subscription License 모델이 빠르게 떠오르고 있다. 이는 거대 정보기술 기업을 중심으로 발전하는 소프트웨어적 경험과 기술 지원이라는 측면이 구독 또는 임대 비즈니스 모델로 바뀌는 것을 의미한다. 이는 다양한 서비스 모델을 중심으로 혁신을 이루는 기업들이 종래의 산업을 바꾸는 것이다. 기존 산업 영역에서 이미 막대한 이익을 창출하고 영향력을 발휘하던 기업들이 지금까지 인지하지 못했던 영역에서 새로운 기술과 서비스로 무장한 경쟁자가 나타날 수 있다는 것이다.

둘째, 빅데이터의 확보다. 데이터를 확보한다는 것은 실행 차원에서 매우 어려운 문제일 수 있다. 목적과 서비스에 따라 원천 데이터를 수집해야 하는데, 법률적인 문제, 원천 데이터 생성에 따른 권한 문제 등 다양한 부분이 포함될 수 있다. 뿐만 아니라 마이 데이터 산업 그리고 공공 데이터 등 활용적인 측면에서도 접근해야 될 것이다. 데이터는 기업의 경쟁력을 좌우하는 새로운 지적 자산 내지 융합의 원천이기 때문에 이를 확보하는 것은 매우 중요한 문제이고, 확보를 위한 기업들 간의 경쟁이 더욱 치열해질 것이다.

셋째, 데이터를 중심으로 한 전략의 재정비가 필요하다. 지금은 소프트웨어 중심의 세상이 아니라 데이터 중심의 세상이다. 데이터를 통해 새 부가가치를 창출하기 위해서는 기존 전략이 아닌 새로운 전략이 필요하며 이것이 곧 빅데이터 전략이라고 할 수 있다. 빅데이터 전략을 위해선 조직 및 데이터 거버넌스 등에 대한 정비가 이루어져야 한다. 또한 디지털 비즈니스 라인업에 따른 새로운 서비스의 추진, 범위, 통제 등이 반영되어야 한다.

넷째, 새로운 기술의 내재화가 필요하다. 새로운 기술 영역에서 기존 기술과 융합될 수 있는 기술적 시야를 넓혀야 한다. 핀테크, 블록체인, 가상화폐, 클라우드, 인공지능, 빅데이터 관련 기술들이 기업에서 추구하는 서비스에 잘 융합되도록 기술 기반에 대한 마인드 및 경험 등을 내재화해야 한다.

이러한 네 가지 요소는 빅데이터 기반의 디지털 역량이라고도 생각할 수 있으며 이것은 융합의 형태로 혁신을 만들어 나갈 중요한 부분이 될 것이다. 지금은 다양한 리스크에 대비해야 하는 경영적 상황에 노출되어 있다. 이러한 상황은 기존에 발생했거나 향후 발생할 가능성이 있는 다양한 경영 위기 요소들을 발견하고, 결과의 심각성을 고려하여 데이터에 기반한 근본 원인 분석이 필요하다는 것을 의미한다. 근본 원인을 분석할 때, 과거에는 내부에서 오랜 경험을 가진 전문가에게 의존하였지만 요즘처럼 내외부의 다양한 리스크가 빈번하게 노출되는 상황에서는 데이터를 기반으로 원인을 파악하여 해결하는 방법이 선호된다. 주관적 관점을 배제하고 객관적으로 원인을 파악하기 위한 가장 효과적인 방법은, 사실에 기초해 발생한 다양한 데이터를 분석하는 것이다.

기술의 융합

데이터를 수집, 저장, 처리, 가공, 분석하는 영역에서 각 부분은 떨어져 있는 것이 아니라 반드시 유기적인 순환형 구조를 형성해야 한다. 이러한 순환형 구조는 각 프로세스가 유기적으로 살아 숨쉬는 것처럼 지속적으로 발전하는 것을 의미한다.

융합은 둘 이상의 다양한 핵심 요소를 조합하여 새로운 하나를 창조하는 것이다. 건축을 예로 들면, 동양과 서양 건축은 각기 지역과 문화에 따라 오랜 세월 동안 발전해 왔다. 때로는 상황에 따라 서로 융합돼 발전한 모습도 종종 눈에 띈다. 우리나라에서도 동양과 서양의 건축이 융합해 하나의 새로운 건축 문화를 만든 사례가 곳곳에 있다. 예를 들어 19세기 말 지어진 덕수궁 석조전은 대한제국의 정궁으로 사용되다가 일제강점기에 미술관으로 용도가 바뀌었고 1945년경에는 유엔 한국위원회 사무실로도 쓰이다가 오늘날 대한제국역사관으로 사용하고 있다. 외부는 최초 지어질 당시의 19세기의 서양 건축 양식을 유지하고 있지

구분	기술 요구사항	기술분류(관련기술)
수집	▪ 대용량 데이터 수집 ▪ 실시간 수집, 적재시간 단축 ▪ 수평적 확장 용이성	▪ 수집(Flume, Sqoop, Kafka) ▪ DB데이터 수집(Sqoop, ETL) ▪ 웹데이터 수집(Web Crawler, Open API)
저장	▪ 대용량 데이터 저장 ▪ 수평적 확장 용이성 ▪ 데이터 저장에 낮은 TCO 실현	▪ 파일저장(HDFS) ▪ NoSQL ▪ RDBMS
처리	▪ 다차원 데이터의 고속 연산 ▪ 다중 노드로 분산/병렬처리 ▪ 다양한 분석 처리	▪ 실시간 처리(Storm, Spark, CEP) ▪ 분산 병렬 처리(MapReduce) ▪ In—Memory 처리(CEP)
분석	▪ 검증된 통계적 기법 기반의 고급 분석 ▪ 실시간 또는 준 실시간 분석 ▪ 사용자와 상호작용하는 탐색적 　데이터 분석	▪ 통계분석(회귀분석, 군집분석) ▪ 데이터 마이닝(연결 분석, 사례기반 추론, 　인공 신경망, Decision Tree, 유전자 알고리즘) ▪ 예측분석 ▪ 분석 도구(R, SAS, Mahout, Elastic Search) ▪ 텍스트 마이닝
시각화	▪ 대용량 데이터의 요약적, 직관적 표현 ▪ 다차원 데이터의 비교, 분석적 표현 ▪ 실시간 인지 및 실시간 대응	▪ 정보 시각화 기술(시간 시각화, 분포 시각화, 　관계 시각화, 비교 시각화, 공간 시각화) ▪ 데이터 분석(Python, R) ▪ BA Solution
관리	▪ 오픈 소스를 보완하는 관리 제공 ▪ 통합 인프라 관리 　(모니터링/관제 등) ▪ 수집부터 활용까지 각 영역을 　통합하는 Biz Logic 관리체계 제공	▪ 모니터링/관리도구(Zookeper, Oozie, WorkFlow)

빅데이터 각 영역별 기술 요구 사항 및 분류

만 내부는 그 용도에 따라 벽난로, 벽체 등 많은 부분이 용도 및 실정에 맞게 바뀌었다고 한다.

　이러한 것을 서양과 동양 그리고 용도에 맞는 건축의 융합이라고 생각한다. 이렇게 융합은 다양한 충돌을 발생시킨다. 융합은 문화, 사상 등 다양한 내면의 충돌과 함께 탄생하는 것이라 생각된다.

충돌에서 파생된 구체적 산물인 데이터에서 시작을 해야 진정한 융합이 탄생할 수 있을 것이다. 융합은 쉽게 만들어지지 않는다. 다양한 객체가 연결되어 진정한 결합이 이루어져야만 가능하기 때문이다. 그래서 혹자는 지금을 빅데이터와 인공지능 측면에서 기존의 IT사상과 데이터적인 사상이 혼재되어 있는 혼란의 상황, 즉 아노미 상태라고도 한다. 이 책을 읽으면서 여러분은 기존 IT사상을 버리고 순수 데이터적인 사상에서 융합을 바라보기 바란다.

그럼 첫 번째로 빅데이터 기술 요소에 대해서 알아보겠다. 빅데이터는 다양한 기술 요소를 수반하고 있지만 대표적인 기술 요소에는 다음과 같은 것이 있다.

① 수집 영역 : 데이터가 생성되는 원천 부분에서 수집되어 저장되기 전까지의 부분을 말한다. 원천은 다양한 부분이 있겠지만 대표적으로 스마트 기기에서 만들어지는 센싱 데이터가 그 중심을 이룬다. 정형과 비정형 데이터를 수집하는 다양한 오픈 소스 소프트웨어가 에코 소프트웨어로 제공되고 있다.

② 저장 영역 : NoSQL이란 Not Only SQL이란 용어로 해석될 수 있다. 기존의 관계형 데이터베이스가 가지던 특성들을 제공하고 그 밖에 다른 특성들을 부가적으로 지원하는 것을 의미한다. 전통적으로 RDBMS는 오랫동안 데이터 관리 신뢰 측면에서 많은 분야에 사용되어 왔다. SQL이라고 하는 컴퓨팅 언어의 편리성 때문에 많이 활용되고 있다.

그러나 시대가 변해 데이터의 종류와 양이 기하급수적으로 증가하면서 기존의 관계형 데이터베이스가 가지던 특성만으로 데이터를 관리한

저장 기술	설명
파일저장	이기종 간의 하드웨어로 구성된 클러스터에서 대용량의 데이터 처리를 위하여 개발된 분산 파일 시스템
NoSQL	빅데이터를 효과적으로 저장, 관리하는 데이터 저장기술
병렬DBMS	전통적인 RDBMS에서 발전된 형태이며 MPP구조를 취하고 있는 경우가 많음

빅데이터 저장 기술

다는 것이 어렵게 되었다. 특히 데이터의 관계 중심으로 이루어진 정형 데이터를 다루던 시대에서, 인터넷이 보편화되고 소셜 네트워크 서비스가 등장하면서 데이터는 다양화되고 비정형 데이터가 그 중심이 되는 시대로 바뀌게 되었다. 그래서 동영상, 음성, 이미지와 같은 비정형 데이터를 쉽게 저장할 수 있으며 검색 및 처리에 중점을 둔 데이터 구조를 가지는 NoSQL이 각광받게 되었다.

NoSQL은 기존의 관계형 데이터베이스보다 융통성 있는 데이터 모델을 다루며 데이터의 저장과 검색에 최적화된 구조를 제공한다. 검색에 있어 매우 최적화된 키의 값 저장 기법을 사용하기 때문에 속도나 구현 등이 매우 뛰어나다. 이러한 구조를 지원하기 위해 분산 및 병렬 처리와 같은 개념이 추가적으로 필요하게 되었다. 이러한 개념의 데이터베이스로 NoSQL이 쓰이게 된 것이다. NoSQL에는 여러 가지가 있겠지만 대표적인 제품으로는 MongoDB, HBase, Cassandra 등이 있다. 하둡 중심의 에코 소프트웨어와 NoSQL은 각각 다른 영역에서 발전해 빅데이터 기술 영역에 통합되었다.

처리 기술	설명
실시간 처리	▪ 실시간으로 수집정보를 가공하여 의미있는 데이터를 생성하고 실시간 데이터 검색이 가능한 서비스를 제공 ▪ 스트리밍 작업
분산 병렬 처리	▪ 대용량 데이터를 빠르고 안전하게 처리하기 위한 분산 프로그래밍 모델 제공 ▪ 배치작업
In-Memory 처리	▪ 전통적인 RDBMS에서 발전된 형태이며 MPP구조를 취하고 있는 경우가 많음
In-Database 처리	▪ 전통적인 RDBMS에서 발전된 형태이며 MPP구조를 취하고 있는 경우가 많음

빅데이터 처리 기술

③ 처리 영역 : 기술적인 면에서 빅데이터의 처리 영역은 매우 중요한 부분 중 하나일 것이다. 실제로 많은 데이터를 효율적으로 처리하는 부분은 인공지능 및 분석의 영역에서 실제적으로 결과물을 만들어 내는 바탕이라고 할 수 있다. 이 부분은 실시간 처리Real Time Processing, 준 실시간 처리Near Real Time Processing, 일괄 처리Batch Processing와 관련된다. 이러한 처리가 가능하기 위해선 인 메모리 처리 관련 기술 및 병렬·분산 처리에 관련된 기술 세트가 완벽하게 구비되어 있어야 하기 때문이다.

④ 분석 영역 : 다양한 데이터 형태를 효과적으로 저장·처리하여 분석한 결과를 통해 우리는 인공지능 및 예측의 영역에 한 걸음 더 다가갈 수 있을 것이다. 특히 기존의 통계적인 분석은 정형화된 데이터 처리의 통계를 바탕으로 하고 있다. 그렇기 때문에 이러한 분석적 요건은 불확실한 상황에서 현명한 의사 결정을 내리기 위한 객관적 지표로 활용되기도 하고 예측을 위한 요소로도 활용된다.

분석 기술	설명
통계분석	▪ 불확실한 상황에서 현명한 의사결정을 하기 위한 자료 수집/분류/분석/해석/발표 ▪ 관련기술 : 회귀분석, 군집분석
데이터 마이닝	▪ 데이터를 조사함으로써 의미 있는 새로운 상관관계, 패턴, 추세 등을 발견하는 과정 ▪ 관련기술 : 연결 분석, 사례기반 추론, 인공신경망, Decision Tree, 유전자 알고리즘
예측분석	▪ 과거 자료와 변수 간의 관계를 이용하여 관심이 되는 변수를 추정하는 것 ▪ 관련기술 : 추세분석, 평활법, ARIMA모형에 의한 분석법
텍스트 마이닝	▪ 구조화되지 않은 대규모의 텍스트 집합으로부터 새로운 지식을 발견하는 과정 ▪ 관련기술 : 형태소분석, 감성분석, SNS분석
분석도구	▪ 통계분석도구 ▪ 데이터 마이닝/예측분석도구

다양한 결과를 만들어내는 분석 기술들

데이터 마이닝은 관련된 원천 데이터 세트에서 의미 있는 결과를 만들어내는 단계다. 음성 인식, 이미지 인식 등 최신 인공지능 알고리즘과 더불어 이들의 결과를 더욱 정밀하게 만들어내는 것으로 데이터 마이닝을 활용하기도 한다. 데이터 마이닝 및 통계적 분석은 기존의 BI^Business Intelligence 소프트웨어 및 오픈 소스 기반의 소프트웨어를 활용하게 되면 적은 노력으로도 의미 있는 결과를 만들어낼 수 있다.

AI와 IoT 기술의 융합

인공지능은 다양한 기초 과학 분야와 더불어 빅데이터 기술을 통해서 만들어지는 포괄적인 기술 영역을 포함하고 있다.

자율주행 자동차는 매우 다양한 기술 영역을 포함한다. 차량의 각종 센서에서 발생하는 데이터를 처리하는 기술과 함께 신호를 이해하고 실행하는 통신망, 그리고 물리적인 하드웨어까지 포함하고 있기 때문에 최신 기술의 총아라고 할 수 있다.

핵심 기술로는 5G 이상의 통신망, 커넥티드 디바이스(통신 장비, 카메라, 레이더, 라이다, 기타 사물 인터넷 등), 그리고 빅데이터가 함께 융합해야 가능하며, 그 외에 센서 데이터의 분석을 통한 빠른 연산 및 처리를 가능하게 하는 GPU 기술, 몬테카를로 트리 서치Monte Carlo Tree Search와 같은 수학적 알고리즘 및 인공 신경망, 인간과 교감하고 상호작용이 가능한 인지 시스템이 함께 융합해 자동차가 탄생하는 것이다.

이러한 기술들을 통해 교통 신호 체계, 기상 조건 외에도 도로에서 발생하는 다양한 이벤트를 감지한다. 그리고 즉각적인 대응으로 탑승자를 안전하고 편안하게 목적지까지 갈 수 있게 하는 것이 자율주행 자동차의 목적이다. 자율주행 자동차는 이제 멀리 떨어져 있는 미래의 기술이 아니다. 매우 빠르게 우리 곁에 와 있으며 그에 맞는 새로운 형태의 교통 문화가 만들어질 것이다.

기술의 융합은 우리가 가지고 있는 수많은 기술과 과학이 함께 어우러져 탄생하는 것이다. 더 크게는 인문, 법률, 윤리, 문화 등이 포함되어 함께 이루어가는 혁신의 과정이라고 볼 수 있다. 인공지능을 이루는 기술 요소를 하나씩 알아보자.

① 머신러닝 : 인공지능을 이야기할 때 가장 큰 요소로 볼 수 있다. 머신러닝은 축적된 빅데이터를 가공·분석·처리하여 미래를 예측하는 기술이라 할 수 있다. 1959년 아서 새뮤얼은 머신러닝에 대해 "컴퓨터에 명시적인 프로그램이 없이도 배울 수 있는 능력을 부여하는 것에 대한 연구 분야"라고 정의했다. 즉 다양한 빅데이터를 기반으로 사람이 학습하듯 컴퓨터가 학습하게 함으로써 새로운 지식을 얻어내는 영역이라고 할 수 있다.

우리가 아주 어릴 때 엄마가 읽어 주는 그림책 속의 강아지, 염소, 기린 등을 보고 처음에는 강아지인지 염소인지 구별하지 못했을 것이다. 이후 엄마가 반복해서 읽어주고 때로는 직접 그림책을 보면서 학습하면 나중에는 우리가 그림의 일부만 보고도 강아지인지 염소인지 파악하게 된다. 머신러닝도 같은 개념이다. 우리는 아주 오래 전 어린 시절부터 머신러닝에 대해 체험하고 있었던 것이라고도 할 수 있다.

뿐만 아니라 우리가 인터넷으로 특정 상품이나 기사를 보게 되면 이후 다른 곳에서도 이전에 보았던 상품과 기사가 따라다니는 것을 볼 수 있다. 이는 마케팅과 연결되는 AD Tech(광고 기술)의 한 분야로, 컴퓨터 내의 쿠키 데이터를 학습시켜 배너 광고와 쇼핑몰을 연결해주는 머신러닝 기술의 한 예다. 우리는 이미 생활의 많은 영역에서 머신러닝을 접하고 있는 것이다.

머신러닝에는 지도 학습Supervised Learning, 비지도 학습Unsupervised Learning, 강화 학습Reinforcement Learning이 있다.

지도 학습은 제일 먼저 컴퓨터에 분류 기준 또는 값을 입력하는 방식이다. 기존 기계 학습 알고리즘은 대개 지도 학습 방식으로 데이터를 분류하는 것을 의미한다. 비지도 학습은 분류 기준 없이 정보를 입력하여 컴퓨터가 알아서 분류하게 하는 방식이다. 컴퓨터는 스스로 유사한 패턴을 찾아내서 데이터를 분류하게 되며 이를 위해 물리적인 하드웨어 기반의 GPU, 그리고 고도의 연산 능력을 가진 알고리즘이 필요하다

기계 학습은 과거의 데이터 레이블, 보상 체계 유무 등을 기준으로 지도 학습, 비지도 학습, 강화 학습 등으로 나누어 예측, 데이터 구조, 반응형 학습 등에 광범위하게 쓰인다.

② 딥러닝 : 광의의 기계학습 분야에서 딥러닝이란 다양한 데이터를 분류하거나 학습하는 데 적용하는 기술을 말한다. 사람의 뇌가 눈에 보이는 물체를 경험에 따라 인식 구분하는 것처럼 컴퓨터가 사물을 분류하도록 하는 기계 학습의 일종으로, 지금으로부터 15년 전 캐나다 토론토대의 제프리 힌튼Geoffrey Hinton 교수의 논문에서 처음 사용되었다. 뿐만

아니라 빅데이터 관련 기술 및 컴퓨팅 기술의 획기적인 발전으로 인해 빅데이터를 분석할 수 있는 인공 신경망이 뛰어난 성과를 보여주게 되는데, 이것을 딥러닝이라고 한다. 예를 들어 컴퓨터가 문자를 인식해 필기체 글자를 이해하는 패턴 기술, 사물을 인식하는 기술, 음성을 인식하는 기술을 포함한 강하고 약한 인공지능을 가능하게 해주는 기술 전반을 딥러닝이라고 한다.

③ 인공 신경망 : 인공 신경망은 딥러닝의 한 부분으로서, 사람의 뇌와 유사한 방식으로 처리하는 알고리즘 중 하나다. 사물의 객체 등 다양한 데이터를 합치고 구분하는 과정을 반복하여 데이터를 학습시킨다. 특정한 객체의 특징 등을 추출하는 것에서부터 학습까지를 알고리즘에 포함한 것이 특징이라고 할 수 있다. 합성 신경망CNN, Convolution Neural Network, 심층 신경망DNN, Deep Neural Network, 순환 신경망RNN, Recurrent Neural Network 등이 있다.

④ 모델 : 인공지능을 구현할 때 흔히 접하는 것이 모델이다. 인공지능에서의 모델은 흔히 방법론 또는 룰을 나타내며 규칙을 지칭하는 것이기도 하다. 어떠한 사물을 인식하기 위해서 우리는 특별한 방법, 즉 알고리즘을 적용하게 되는데 그러한 알고리즘이나 규칙 등을 모델이라고 한다. 어떠한 규칙을 정하여 정해진 목표를 실행하고 결과를 만들어 나가는 과정을 반복하게 된다.

모델은 인공지능을 구현할 때 사용하지만, 전형적인 IT시스템에서도 이미 사용해왔다. 하나의 모델을 만들어 놓고 그 모델에 적용하여 정해진 공정을 거쳐 목표한 결과물을 만들어 내는 것, 예를 들어 다양한 사진을 보고 정해진 규칙에 맞는 객체를 찾아내는 것, 다양한 목소리를 청취한 후 정확한 문자로 인식해 출력하는 기술 등의 핵심은 정교한 모델 기반에서 만들어진다고 할 수 있다.

사물 인터넷 기술의 융합

사물 인터넷은 다양한 기술 영역을 포함하고 있고 IT 산업에서 가장 빠르게 성장하고 있는 분야이다.

초창기의 IoT 기술은 사물에 대한 정보 인식이라고 할 수 있다. 사물에 대한 정보를 태그라는 인지 매체를 활용해 송수신 처리할 수 있는 간단한 네트워크 기능 정도였다. 간단하지만 신속한 물류 지원을 위해 대형마트나 유통 쪽에서 많이 사용하던 방식이다. 이후 2010년대로 넘어오면서 인터넷 활성화와 스마트폰 보급으로 인해 다양한 영역으로 확대되었다. 수많은 센서와 스마트폰 연동을 통한 앱 어플리케이션이 보편화되어 가는 시기다. 이 시기에는 스마트폰에 내장된 센서들의 기능도 좋아졌다. 상황에 따라서 여러 개의 센서들을 융합한 어플리케이션도 나오게 되었다.

2020년대로 넘어오면서 LBSLocation Based System를 응용한 사례가 많아지게 되었다. 사람의 위치뿐 아니라 사물의 위치 정보를 활용한 응용 사례가 많아졌다. 이 시기에 가장 주목할 만한 혁명은 센서 네트워크 기술의 발전이다. 센서 네트워크 기술은 스마트 기기의 혁명을 가져왔고 다양한 센서들이 초소형 및 저전력화되면서 스마트 TV, 스마트 냉장고 등

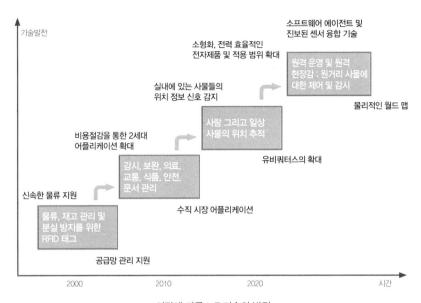

기술발전

소프트웨어 에이전트 및
진보된 센서 융합 기술

소형화, 전력 효율적인
전자제품 및 적용 범위 확대

원격 운영 및 원격
현장감 : 원거리 사물에
대한 제어 및 감시

실내에 있는 사물들의
위치 정보 신호 감지

물리적인 월드 맵

비용절감을 통한 2세대
어플리케이션 확대

사람 그리고 일상
사물의 위치 추적

유비쿼터스의 확대

감시, 보완, 의료,
교통, 식품, 안전,
문서 관리

신속한 물류 지원

물류, 재고 관리 및
분실 방지를 위한
RFID 태그

수직 시장 어플리케이션

공급망 관리 지원

2000   2010   2020   시간

시간에 따른 IoT 기술의 발전

출처 : SRI Consulting Business Intelligence

다양한 제품에 적용되었다. 그와 함께 스마트폰과 네트워크가 연결되고
관련 앱 어플리케이션이 등장하면서 새로운 가치가 창출되었다.

　다양한 센서들의 조합으로 인해 쏟아지는 이질적인 데이터의 의미를
찾아내고 이러한 데이터들 간 융합을 통해 새로운 서비스와 가치를 만
들어낼 수 있는 비즈니스 전략이 필요한 것이다.

　① 기계 데이터 : 스마트 팩토리를 통해 제조업 현장에서는 각종 기기
에 센서가 내장되었고 기계 장비들에 대한 데이터를 실시간 모니터링하
면서 자동화하고 있다. 이밖에 스마트 건설, 스마트 양식업, 스마트 팜,
스마트 인쇄 등에서 모니터링 가능한 다양한 기계 장비들에 대한 데이

터를 축적하고 분석하는 플랫폼이 개발되고 있다.

② 센서 데이터 : 스마트폰에는 우리가 알지 못하는 다양한 센서들이 동작하고 있다. 초창기 스마트폰은 기본적으로 가속도 센서, 자이로 센서 등이 전부였다. 이러한 센서들은 게임할 때 중요한 것들이다. 초창기의 스마트폰 앱은 게임 쪽에 치중되어 있었다. 그러다 보니 가속도와 자이로 등의 센서가 필수적이었다.

그러나 사용자들의 다양한 요구가 증대하고 다양한 앱이 출시되면서 추가적인 센서들이 스마트폰에 내장되기 시작했다. 이러한 센서들이 내장됨으로써 좀 더 가치 있고 차별화된 기능을 제공한다는 마케팅 전략으로 사용자들에게 어필하게 된다.

③ 비정형 데이터(음성, 사진 등) : 사물 인터넷을 통해 입력되는 데이터는 매우 다양하다. 즉 인터넷에 연결된 센서들의 기능에 따라 들어오는 데이터의 종류가 달라진다고 할 수 있다. 스마트 팩토리나 스마트 양식장에서 센서들의 입력 값은 각기 독특한 정량적인 데이터가 될 수 있겠지만, 스마트폰에 내장된 센서를 통해 입력되는 데이터들은 주로 영상, 음성, 사진 등과 같은 비정형 데이터라고 할 수 있다. 그런 반면 모션 인식, 동작과 같은 데이터는 정량적인 데이터가 될 수도 있고 혹은 의미 없는 일련의 센서 데이터가 될 수도 있다. 소셜 미디어에서는 무수히 많은 비정형 데이터들이 쏟아지고 있다. 현재도 그렇지만 앞으로 비정형 데이터를 저장, 분석, 처리하는 기술은 더욱 발전할 것으로 보인다. 왜냐하면 비정형 데이터가 비즈니스를 넘어 의미 있는 가치를 만들어낼 수 있기 때문이다. 유튜브에서 100만 팔로우가 된다고 가정하자. 그에 따

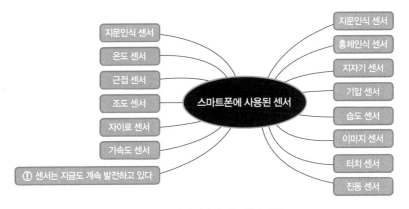

스마트폰에 내장되어 있는 센서 종류

른 광고 수입이 얼마나 될지 상상할 수 있겠는가?

④ 사물 인터넷 기반 기술 : 기존의 TCP/IP 주소 체계에서는 32Bit (4Byte) 기준으로 할당되어 인터넷 연결에 한계가 있었다. 그러다가 IPv6 기반의 8Byte 기본 주소를 사용하게 되었다. 기본적으로 중요한 기능만을 위한 서버에 할당되던 기존 인터넷 체계에서, 네트워크가 지원되는 모든 사물에 적용될 수 있게 발전하였다. 이로써 진정한 사물 인터넷의 의미를 갖게 되었다고 볼 수 있다. 각각의 사물에는 인터넷 상에서 IP가 할당되고 서로 간의 데이터를 주고받음으로써 정보 공유뿐 아니라 사물에 대한 원격 제어 및 유지 관리까지 가능하게 되었다.

각각의 사물은 64Bit(8Byte) 주소 체계를 통해 할당되고 연결이 가능해졌으며 5G 고속 전송이 가능해지면서 기술 융합이 이뤄지게 되었다. 로봇 청소기를 생각해보자. 스마트폰과 Wifi, Bluetooth, 802.15.4 센서 노드를 사용하여 주소가 할당되어 초연결이 가능해진 것이다. CO_2 센서, 조도 센서, 자외선 센서, 진동 센서, 모션 센서 등이 융합되어 로봇 청소기, 공공 청정기, 조명 제어기 등을 제작할 수 있다. 스마트 기기와 네트워크에 접속하여 데이터를 분석하고 다양한 서비스를 제공하는 응용 어플리케이션도 가능하다. 가전 제품뿐만 아니라 신발, 옷 등과 같은 기능성 웨어러블에 적용하여 융합 제품을 만들어낼 수도 있다.

데이터는 산업별·서비스별로 다양한 실시간 데이터의 형태를 취하고 있다. 앞서 설명한 여러 형태의 데이터들은 스마트 작업 환경에서 어떻게 활용될까.

① 기계 데이터 : 각종 네트워크 장비 및 기계 장비에서 능동적으로 생성하는 수치 형태의 비정형 데이터로서, 이러한 데이터는 스마트 팩토리와 함께, 궁극적으로는 사람의 개입 없는 무인화를 가능하게 해주는 요소로 활용된다.

② 센서 데이터 : 스마트폰에는 온도 센서, 소리 센서, GPS, 조도 센서, 가속 센서, 지문 인식 센서, 근접 센서 그리고 자이로 스코프 등 수많은 센서가 내장되어 있어 각종 애플리케이션과 함께 다양한 서비스를 만들어 내고 있다. 특히 GPS센서는 사용자의 위치를 알려 주기도 하며 카메라, 마이크, 터치 스크린 등 전통적인 장치 역시 일종의 센서라고 할 수 있다.

③ 비정형 데이터(음성, 사진 등) : 스마트 팩토리 산업은 현재 산업 현장의 작업 현황을 데이터화하는 것이 급선무이다. 이것을 보통 디지털 프로덕트Digital Products 혹은 디지털 팩토리Digital Factory라 부르며, 독일과 같은

전통적 자동화 선진국은 데이터 팩토리^{Data Factory}라고 부르기도 한다. 작업 현장(작업자, 제조 방법, 제조 설비 등)에 기초하여 촬영을 하여 동영상 데이터를 확보한다. 동영상 데이터는 영상과 음성 데이터를 포함하고 있으며 이를 데이터베이스화해 표준 데이터를 산출해낸다. 이 부분에서 작업자의 이동 경로, 설비 가동 및 비가동 현황, 운영 시간, 대기, 불량, 인원 관리, 교육 등의 전반적인 원천 데이터를 만들 수 있다.

특히 작업자의 이동 데이터는 운송 선반의 레이아웃을 정하는 데 매우 중요하다. 적절한 레이아웃은 작업자의 이동을 최소화할 수 있으며 이는 직접적으로 생산성 향상의 결과를 가져온다. 또한 작업자뿐 아니라 로봇의 위치 설정도 가능하다. 레이아웃 변경 시뮬레이션은 작업자의 행동 반경에 대한 영상 데이터를 분석하여 거리 및 이동 경로를 표준화해 추출해낼 수 있다.

지속적인 영상 데이터를 활용하여 최적의 작업 환경에 대한 표준을 만들어낼 수 있다. 이러한 작업은 지속적이고 반복적인 작업이 될 수 있으며 향후에는 머신러닝을 활용한 학습을 통해 스마트한 제조의 혁신을 이룰 수 있을 것이다.

CHAPTER 4
정리의 글

세상은 모든 것이 연결되는 초연결성의 특징을 가지고 있다. 연결은 노드와 허브 같은 네트워크적인 속성을 가지고 있으며 때로는 군집Clustering, 분산Distribution, 응집Cohesion과 같은 패턴적 특징도 보인다.

실시간 생성되는 빅데이터 속에서 이와 같은 네트워크적, 패턴적인 속성을 이해하고 분석해 예측하는 것이 빅데이터 처리이며, 사물 인터넷, 인공지능 기술도 빅데이터를 기반으로 하고 있다. 세상의 모든 것은 연결의 의미를 재해석함으로써, 네트워크적 분석을 통해 우리 삶과 정치, 경제, 사회, 문화, 산업 등 다양한 분야의 의미를 파악할 수 있게 된다.

인간은 부모로부터 물려받은 유전자를 갖고 태어나며, 다음 세대에게 그 유전자를 전달하게 되니 이 또한 연결성의 하나라고 볼 수 있다. 이러한 연결성은 일정한 패턴을 가지고 있으며, 패턴은 다시 기술을 통해 인공지능으로 발전하는 것이다.

지금으로부터 약 100년 전, 전화기는 단순히 음성을 전달하는 수단으로 시작되었다. 현재는 여기에 다양한 기술이 융합되어 스마트폰으로 발전하였다. 스마트폰은 네트워크적 연결성을 기반으로 인터넷과 연결되고 센싱 기반의 사물 인터넷과 결합해 능동적 데이터를 만들어내는 생성자로 자리 잡게 되었다.

빅데이터의 경쟁, 공생 그리고 기생이라는 패턴 속에 존재하는 속성을 이해하고 분석하여 융합하는 것이 4차 산업혁명 시대의 핵심 요소라고 말할 수 있다.

세상은 끊임없이 변화하며, 그 변화를 통해 발전하고 있다. 이는 네트워크에 의해 연결되어 움직이는 거대 유기체와 같다. 끊임없이 데이터를 통해 생명력을 유지하며 변화하고 있다.

네트워크에 연결되는 데이터의 연결성은 정교한 접근적 요소를 필요로 한다. 연결성에 대한 비중은 곧 객체가 차지하는 가치를 의미한다는 'C=V' 공식이 성립한다. C^{Connectivity}는 연결성, V^{Value}는 가치를 나타낸다. 비중$^{Specific\ Gravity}$은 연결성에서 차지하는 밀도를 말하는 것이다. 이러한 연결성의 밀도를 나타냄에 있어서 비중은 가치를 나타내는 척도이기도 하다.

새로운 데이터를 지속적으로 수집하고 저장하고 처리하여 연결하는 것이 지금의 파괴적 혁신의 핵심이라고 정의할 수 있다. 과학 기술의 발전과 더불어 인류 문명은 찬란한 꽃을 피우고 있고, 그 가운데 우리 세대는 지금까지 없었던 빅데이터와 인공지능으로 진보하고 있는 것이다.

◆ ◆ ◆

The world has a characteristic of hyper-connectivity where all things are connected. Sometimes connectivity has network-like properties such as a node and a hub and sometimes it has pattern-like characteristics such as Clustering, Distribution and Cohesion.

Analyzing these characteristics within vast amount of information and applying these results to predict is Big Data analysis and Artificial Intelligence is part of Big Data analysis. We can understand everything in this world such as politics, economics, society, culture and industry through the understanding of Big Data analysis which has its foundation on connecting the dots of large amounts of information .

Even our existence can be interpreted from the perspective of connectivity given that all humans are built with unique genetic code inherited from parents and that passes onto the next generation.

Connectivity contains certain patterns. These patterns evolve with Big Data and Artificial Intelligence through advancement in science technology.

About 100 years ago, the function of a phone was to

simply deliver voice. Today's smart phones is connected to the Internet and other smart devices actively collect all sorts of data. In a sense, today's phone has become a 'hub' of information.

Big Data analysis involves analyzing patters in data, whether competitive, symbiotic or parasitic, and such analysis is the foundation of the 4th Industrial Revolution.

Our world is constantly changing. This change happens organically and is driven by Big Data.

Understanding data connectivity requires a sophisticated approach. Specific Gravity(SG) in connectivity can be represented by the equation $c = v$ where c and v represent 'connectivity' and 'value', respectively. SG represents the value of c. SG can be exhibited through different methodologies in different environment but in this case, SG represents the density of connectivity.

Constantly collecting, storaging, processing and connecting new data is key to destructive innovation in current information technology.

Driven by advancing technology, our generation is entering a new era of Big Data and Artificial Intelligence.

인사이트 플랫폼

초판 1쇄 발행 2020년 10월 10일

지은이 이재영 문영상 박준호 신정훈 김대일
감수 김길래
펴낸이 김영진

대표이사 신광수 | 본부장 강윤구 | 개발실장 위귀영 | 사업실장 백주현
책임편집 권병규 | 디자인 당승근
단행본팀장 이용복 | 단행본 우광일, 김선영, 박현아, 정유, 박세화
출판기획팀장 이병욱 | 출판기획 이주연, 이형배, 김마이, 이아람, 이기준, 전효정, 이우성

펴낸곳 (주)미래엔 | 등록 1950년 11월 1일(제16-67호)
주소 06532 서울시 서초구 신반포로 321
미래엔 고객센터 1800-8890
팩스 (02)541-8249 | 이메일 bookfolio@mirae-n.com
홈페이지 www.mirae-n.com

ISBN 979-11-6413-629-2 (03320)

* 와이즈베리는 ㈜미래엔의 성인단행본 브랜드입니다.

* 책값은 뒤표지에 있습니다.

* 파본은 구입처에서 교환해 드리며, 관련 법령에 따라 환불해 드립니다.
  다만, 제품 훼손 시 환불이 불가능합니다.

와이즈베리는 참신한 시각, 독창적인 아이디어를 환영합니다.
기획 취지와 개요, 연락처를 bookfolio@mirae-n.com으로 보내주십시오.
와이즈베리와 함께 새로운 문화를 창조할 여러분의 많은 투고를 기다립니다.

「이 도서의 국립중앙노서관 출반시도서복목(CIP)은 서지정보유통지원시스템 홈페이지(http://seoji.nl.go.kr)와
국가자료공동목록시스템(http://www.nl.go.kr/kolisnet)에서 이용하실 수 있습니다.
(CIP제어번호: CIP2020039624)」